JN238357

デスク　パソコン　段取り　情報　思考

結果がすぐに出る“仕組み”をつくる!

仕事の整理術

The arrangement way of work which can achieve results

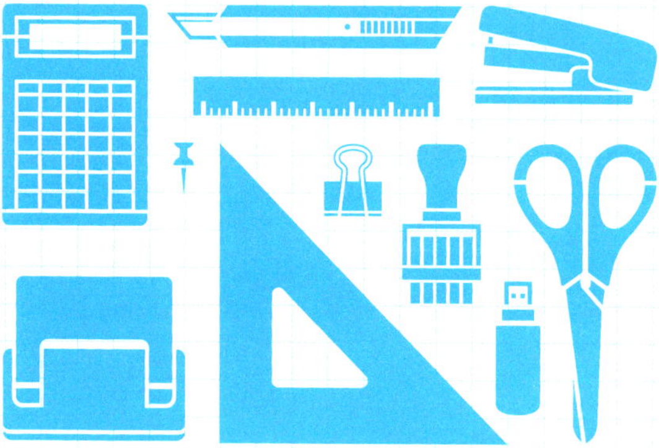

永岡書店

CONTENTS

第2章 パソコンの整理術

Personal Computer

CONTENTS

第3章 段取りの整理術
Plan of Work

第4章 情報の整理術

Information

CONTENTS

第5章 思考の整理術
Thinking

第6章 整理がはかどる おすすめ整理グッズ

CONTENTS

達人活用術

COLUMN

本書の使い方

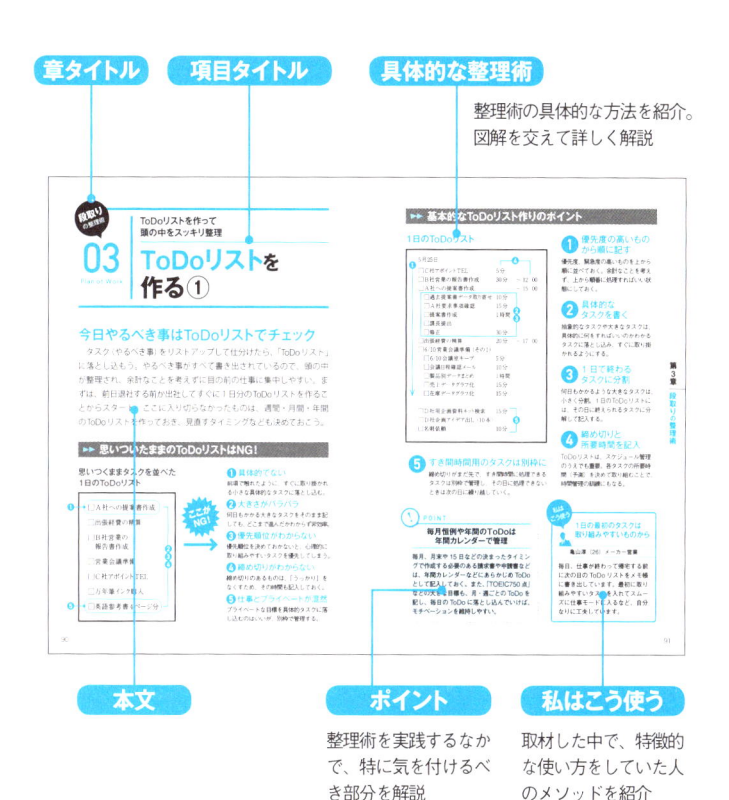

章タイトル

項目タイトル

具体的な整理術

整理術の具体的な方法を紹介。
図解を交えて詳しく解説

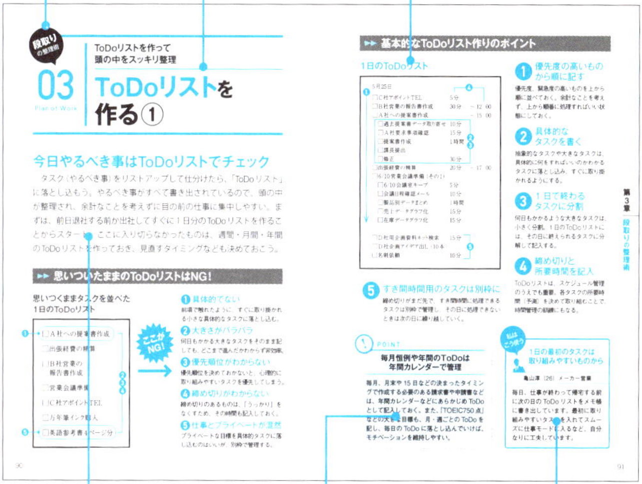
段取りの整理術

ToDoリストを作って
頭の中をスッキリ整理

03
Plan of Work

ToDoリストを作る①

今日やるべき事はToDoリストでチェック

タスク（やるべき事）をリストアップして仕分けたら、「ToDoリスト」に落とし込もう。やるべき事がすべて書き出されているので、頭の中が整理され、余計なことを考えずに目の前の仕事に集中しやすい。まずは、前日退社する前か出社してすぐに1日分のToDoリストを作ることからスタートし、ここに入り切らなかったものは、週間・月間・年間のToDoリストを作っておき、見直すタイミングなども決めておこう。

▶▶ 思いついたままのToDoリストはNG！

思いつくままタスクを並べた
1日のToDoリスト

❶ □A社への提案書作成
□出張経費の精算
□B社営業の報告書作成
□営業会議準備
□C社アポイントTEL
□万年筆インク購入
❺ □英語参考書4ページ分

❷❸❹

ここがNG!

❶ 具体的でない
前項で触れたように、すぐに取り掛かれる小さな具体的なタスクに落とし込む。

❷ 大きさがバラバラ
何日もかかる大きなタスクをそのまま記しても、どこまで進んだかわからず非効率。

❸ 優先順位がわからない
優先順位を決めておかないと、心理的に取り組みやすいタスクを優先してしまう。

❹ 締め切りがわからない
締め切りのあるものは、「うっかり」をなくすため、その時間も記入しておく。

❺ 仕事とプライベートが混然
プライベートな目標を具体的タスクに落し込むのはいいが、別枠で管理する。

90

▶▶ 基本的なToDoリスト作りのポイント

1日のToDoリスト

5月25日
□C社アポイントTEL　5分
□B社営業の報告書作成　30分　～12:00
□A社への提案書作成　～15:00
□過去提案書データ取り寄せ　10分
□A社要求事項確認　15分
□提案書作成　1時間
□課長提出
□修正　30分
□出張経費の精算　20分　～17:00
□6/10営業会議準備（その1）
□6/10会議室キープ　5分
□会議日程確認メール　10分
□製品別データまとめ　1時間
□売上データグラフ化　15分
□在庫データグラフ化　15分
□D社用企画資料ネット検索　15分
□D社企画アイデア出し（10本）
□名刺依頼　10分

❶ 優先度の高いものから順に記す
優先度、緊急度の高いものを上から順に並べておく。余計なことを考えず、上から順番に処理すればいい状態にしておく。

❷ 具体的なタスクを書く
抽象的なタスクや大きなタスクは、具体的に何をすればいいのかわかるタスクに落とし込み、すぐに取り掛かれるようにする。

❸ 1日で終わるタスクに分割
何日もかかるような大きなタスクは、小さく分割。1日のToDoリストには、その日に終えられるタスクに分解して記入する。

❹ 締め切りと所要時間を記入
ToDoリストは、スケジュール管理のうえでも重要。各タスクの所要時間（予測）を決めて取り組むことで、時間管理の訓練にもなる。

❺ すき間時間用のタスクは別枠に
締め切りがまだ先で、すき間時間に処理できるタスクは別枠で管理し、その日に処理できないときは次の日に繰り越していく。

第3章　段取りの整理術

POINT
毎月恒例や年間のToDoは
年間カレンダーで管理
毎月、月末や15日などの決まったタイミングで作成する必要のある請求書や申請書などは、年間カレンダーなどにあらかじめToDoとして記入しておく。また、「TOEIC750点」などの大きな目標も、月・週ごとのToDoを記し、毎日のToDoに落とし込んでいけば、モチベーションを維持しやすい。

私はこう使う
1日の最初のタスクは取り組みやすいものから
亀山淳（26）メーカー営業
毎日、仕事が終わって帰宅する前に次の日のToDoリストをメモ帳に書き出しています。最初に取り組みやすいタスクを入れてスムーズに仕事モードに入るなど、自分なりに工夫しています。

91

本文

ポイント

整理術を実践するなかで、特に気を付けるべき部分を解説

私はこう使う

取材した中で、特徴的な使い方をしていた人のメソッドを紹介

達人活用術

整理術の達人を取材して、読者に参考になるメソッドを紹介&解説

COLUMN

整理術に関する方法や考え方を紹介

仕事を効率化する「整理術」

なぜ、整理すると仕事がはかどるのか？

ムダを省く実利面と、ヤル気が出るという精神面

子供のころからうるさく言われてきた「整理整頓」が、最近はビジネスのあらゆる局面でその必要性が叫ばれている。なぜ整理することが仕事の効率化につながるのだろうか。それは、ほしいものがすぐに見つかることで、探し物をするムダな時間をなくせるという実用面と、整理されてすべて自分で把握できているというメンタル面でのメリットがある。本書では、「物理的」「非物理的」という大きく2つに分けて、整理術を解説している。

2つの整理術

物理的整理術

1章――デスクまわりの整理術
2章――パソコンの整理術

実在の「モノ」の整理術。仕事の基本となる、デスクの上や引き出し、書類・ファイル、カバンや名刺などをどう整理するか。また、仕事で使うパソコンの使い勝手を向上させる整理術など。

非物理的整理術

3章――段取りの整理術
4章――情報の整理術
5章――思考の整理術

形のない「モノ」の整理術。仕事の進め方＝段取りやさまざまな情報、仕事にまつわる考えなどをメモやリスト、図解などの「形」にしたり、考え方などのメソッドとして整理する。

物理的整理術 → [目的] ●探す手間を省く ●見落としを防ぐ

STEP 1 **余計なモノを捨てる** → STEP 2 **定位置を決める** → STEP 3 **使ったら元の位置に戻す**

STEP 1 余計なモノを捨てる
モノがあふれていては整理しにくい。モノを捨てることから整理スタート。

STEP 2 定位置を決める
モノの置き場所を決める。使う頻度が高いものは取り出しやすいところに。

STEP 3 使ったら元の位置に戻す
使ったものを出しっぱなしにせず、必ず元あった場所に戻すこと。

モノを探している時間はムダそのもの。整理することで、ほしいものをすぐに探し出せるようにする。それには、余計なモノを捨て、モノを置く位置を決め、使ったら必ずそこに戻すようにルールを決める。

非物理的整理術 → [目的] ●仕分ける ●活用する

STEP 1 **分割、分類する** → STEP 2 **まとめる 並べる (リストを作る)** → STEP 3 **実行する**

STEP 1 分割、分類する
大きなものは小さく分割、雑多なものは種類ごとに分類する。

STEP 2 まとめる 並べる (リストを作る)
同じ種類のものをまとめたり、順番をつけて並べ替えたりする。

STEP 3 実行する
整理した情報や考えは、それで満足せず、実行してこそ意味を持つ。

形のないモノは漠然となりがち。それらを細かく分け、種類ごとに整理することで、実態が見えてくる。そのうえでまとめたり並べ替えたりすることで、実行するための具体的なプランが出来上がる。

COLUMN 1

「捨てられる」自分になる

　整理の第一歩は、余計なモノを捨てることから始まる。しかし、ここでつまずいてしまう人も多いだろう。それは、捨てるモノを決められないことが原因だ。「いつか必要になるかもしれないから」とモノをため込んでしまうのだ。ここで「捨てられない心理」を分析してみよう。

「いつか使うかもしれない」というのは、漠然とした将来への不安ともいえるが、一方で今の仕事の効率を落としてしまってもいる。将来を見据えたプランはもちろん大事だが、それはきちんとしたビジョンあってのこと。「もしかしたら…」と不安を抱えるのとは違う。

　将来の見通しが立たない場合は、思い切って思い悩むのをやめてみてはどうだろう？　使うかどうかわからないモノは、捨ててしまうのだ。それによって今が快適になるのなら、メリットは十分にあると考えていいだろう。モノを捨てることは、自分の優柔不断さを捨て去ることでもあるのだ。

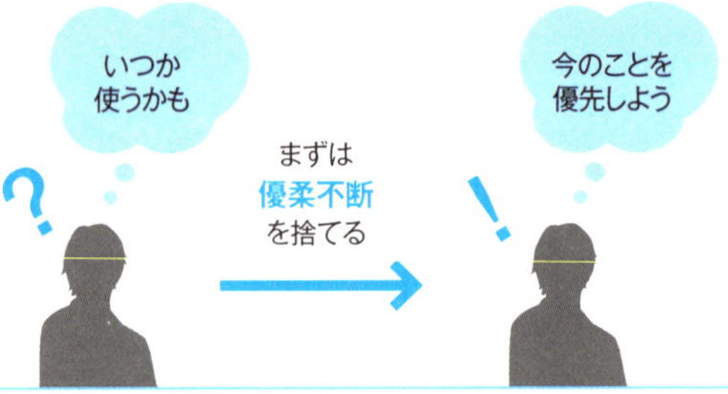
いつか使うかも
?
まずは
優柔不断
を捨てる
今のことを優先しよう
!

1

デスクまわりの整理術

Circumstance of a Desk

「整理」といってまっさきに思い出すのが
デスクまわりの整理だろう。
仕事をするホームグラウンドであるデスクは
常にきれいな状態を保っておく必要がある。
本章では、その具体的なメソッドを紹介する。

INTRODUCTION

デスクまわりの整理が必要なワケ

仕事をするスペースの環境を整える

必要なものがすぐに見つかる環境を作る

デスクまわりの機能性次第で、仕事の効率も変わってくる。ビジネスパーソンは探しモノに、年間何十時間も費やしているという。欲しいものがすぐに見つかれば、ムダな時間を省くことができ、仕事の効率は上がる。まずデスクまわりを整えることから始めてみよう。

▶ CONTENTS

図解 デスクまわりの整理

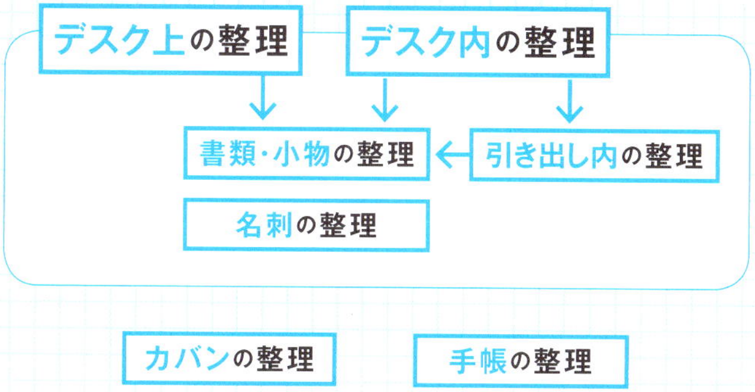

▶▶ デスクまわりの整理のポイント

point 1 収納場所を決める

使ったものをそのまま置いておくことで、デスクは散らかっていく。書類にしても文房具にしても、収納する場所を決めておけば、すぐにしまうことができる。また、余計なものを思い切って捨て、モノの量を少なくしておくことも重要だ。

point 2 見出しをつける

きちんと収納していても、探しやすくしておかなければ意味がない。書類にはきちんと見出しをつけておき、ひと目で何がどこにあるかわかるようにしておこう。また、ファイルなどを色分けしておけば、見出しを見なくてもサッと取り出すことができて便利だ。

point 3 ルールを決める

「出す→使う→しまう（捨てる）」という基本的な流れで、収納におけるルールを作っておこう。また、捨てるルールを決めておくと、ムダにモノが増えないで済む。

デスクまわりの整理術

01

Circumstance of a Desk

シンプルなデスクが
仕事をスムーズに進める

デスクの上の整理

シンプルにすることで機能性が高まる

デスクの上は、パソコン操作や書類の作成など、なにかとスペースを必要とする場所だ。書類やモノが散乱していては、仕事がスムーズに進まないばかりか必要なものを探すために余計な時間を浪費してしまう。スッキリ整理された環境で仕事をするために、机の上に置くものは必要最低限に絞りたい。また、機能性を考えたレイアウトにすることで仕事の能率を高めよう。

▶▶「使ったら元の場所に戻す」でキープ

スッキリと整理整頓されたデスクの上をキープするコツは、使ったらすぐに元の場所に戻すこと。少し手間のように思えるが、モノが必ず決まった場所にあることで「探す」という時間をなくすことができる。

×

出す
どこにあるかわからず、すぐに取り出せない
→
使う
作業の手を止めて探し、やっと使える
→
出しっぱなし
また使うかもしれないので、とりあえず机の上に出しておく
→
作業スペースがなく、何がどこにあるかわからない

◎

出す
いつも決まった場所にあるので、すぐに取り出せる
→
使う
必要なときにスムーズに使える
→
戻す
元の場所に戻すことで、次もすぐに取り出せる
→
常に片付いているため、作業が進む

▶▶ 能率が上がるデスクの上のレイアウト

1 電話

右利きならば電話は左奥が基本位置。左手で受話器を持ち、右手でペンを持ってメモをすることを想定して配置しよう。

2 メモ帳

コンパクトなものをひとつだけ使用。メモすることが多い電話の隣がオススメ。用件を済ませるか、必要な場所に書き写したら破棄。

3 パソコン

使用する時間が長いパソコンは中央奥が基本。使用しないときはキーボードを立てかければ、作業スペースを広く確保できる。

4 文房具

ペン立てには使用頻度の高い文房具を厳選し、取り出しやすい右側へ。頻繁に使わないものやストックは引き出しの中へ片付ける。

5 進行中の書類

ボックスやブックスタンドを使って、スペースを圧迫しない右奥に立てて整理する。保管するものや使用頻度の低い資料は出さない。

6 作業スペース

パソコンの手前には何も置かず、作業スペースとして広くあけておこう。出したものは元の場所に戻し、常に作業ができる状態に。

! POINT

退社時にはデスクの上を片付ける習慣をつける

デスクの上に書類を出しっぱなしのまま退社するのはセキュリティ上好ましくない。書類はカギのかかる引き出しや個人ロッカーにしまい、デスクの上にはパソコンと電話、ペン立てが残るくらいに整理整頓し、1日のけじめをつけて締めくくることを習慣にしよう。

デスクまわりの整理術

02
Circumstance of a Desk

引き出しの特徴に合わせて
モノの定位置を決める

引き出しのレイアウト

役割りを持たせて引き出しを活用

引き出しは、位置やサイズによって入れるものを決めて役割りを持たせ、必要な時に必要なものを取り出せるようにしておきたい。収納のポイントは大きく2つ。「使用頻度が高いものを手前」に入れ、「上からすべてが見える状態」で収納することだ。また、不要なものはすぐに捨てることを心掛けたい。モノを詰め込みすぎず、8割程度にとどめるのが理想だ。

▶▶ 基本の収納の仕方

使用頻度が高いものは手前に

手前

あまり引き出しを開けずに取り出せる手前に使用頻度の高いものを収納。

上からすべてが見える状態で入れる

手前

ひと目で何が入っているかわかるように、モノは重ねずに入れる。

▶▶ デスクまわりのモノの定位置を決める

定位置を決めることは収納スペースの有効活用につながり、書類やモノの紛失を防ぐ。定位置から取り出して定位置に戻せば、ストレスを感じることなくスムーズに作業ができる。

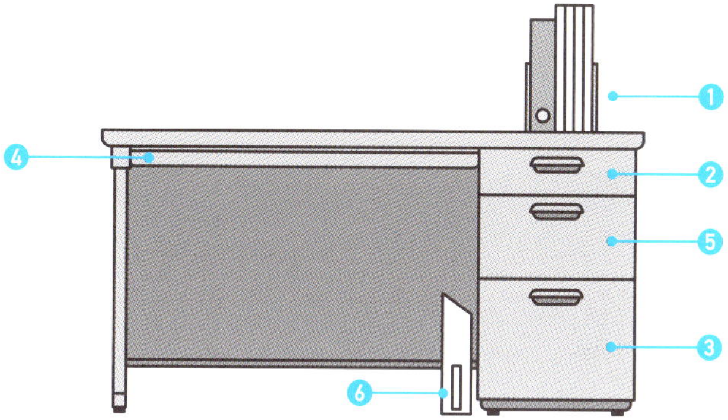

1 デスクの上

進行中の書類

進行中の書類のみ、ボックスやブックエンドで立ててデスクの上に出し、すぐに作業ができる状態にしておく。ボックス1つ分など容量を区切っておくことも大切。

2 一番上の引き出し

よく使う文房具や小さなものを入れる

一番上の浅い引き出しには、文房具や使用頻度の高い細かいものを入れるといい。トレイで仕切ってそれぞれの定位置を決め、重ならないように並べて入れる。

3 一番下の引き出し

書類の保管や仕掛りの案件

A4サイズも入る深さのある引き出しは、書類の収納スペースに。ファイルボックスを入れてカテゴリー分けすると、取り出しやすく検索性も高まる。

4 中央の引き出し

他に入らない大きなものを入れる

取り出しにくくカギがかからない場合も多いので、他の引き出しに入らない定規や大きな書類を入れる。基本的には何も入れず、休憩時の書類の一時保管場所として使おう。

5 真ん中の引き出し

頻度の低いものや上に入らないもの

比較的使用頻度が低いものや、高さがあって一番上の引き出しに入らなかったCD-Rや本などを入れる。立てて入れ、何が入っているかわかるようにすることが大切。

6 一時保留ボックス

捨てるか迷った書類

捨てるか迷うような書類は、一時保留ボックスに入れてしばらくとっておこう。ただし、期間を決めてそれまでに使わなければ、思い切って捨ててしまおう。

03

Circumstance of a Desk

使用頻度と大きさで入れる場所を決める

引き出しの中の整理①

中央・一番上の浅い引き出しを有効に使う

出し入れのしやすい一番上の引き出しはトレーで仕切り、文房具を収納することに向いている。問題は、開けるときにイスごと体を大きく後ろに引かなければならない中央の引き出しだ。使い勝手がいいとはいえないため基本的にモノを入れず、他の引き出しに入らない大きな書類や定規を入れるにとどめたい。席を外す際の一時的な書類の保管場所という使い方が便利だ。

▶▶ 中央の引き出しの整理

① 折り曲げたくない書類や大きな書類を入れる

折り曲げたくない大きな書類を入れる。ただし、カギがかからない場合が多いので、重要な書類を入れる際には注意が必要。

② 定規など長いものを入れる

他の引き出しに入らない定規など、長さのあるものを例外的に入れておく。斜めに使えばある程度長いものまで入れることができる。

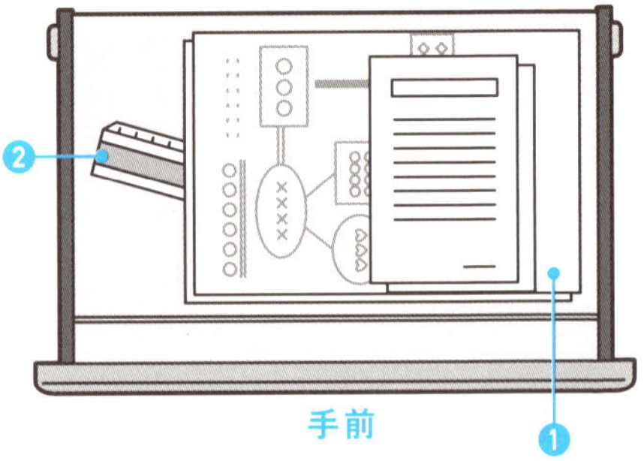

③ 基本的にモノは入れない

例外を除いてモノは入れず、空間をあけておく。席を外すときには書類を出しっぱなしにせず、一時保管場所として利用する。

▶▶ 一番上の引き出しの整理

定位置を決めることは収納スペースの有効活用につながり、書類やモノの紛失を防ぐ。定位置から取り出して定位置に戻せば、ストレスを感じることなくスムーズに作業ができる。

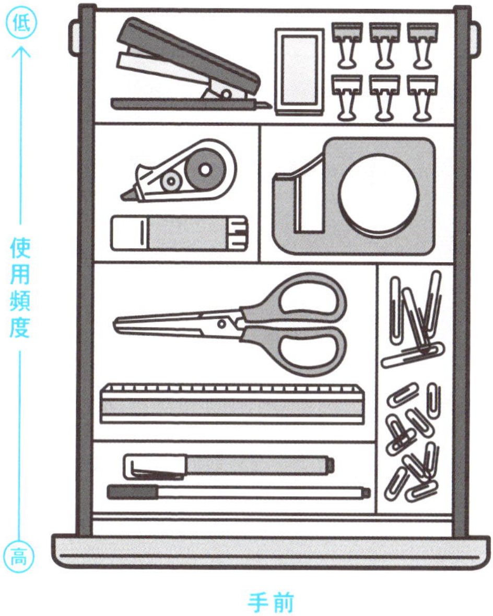

1 トレーで仕切りピッタリ納める

見つけやすく取り出しやすいようトレーで仕切り、文房具を入れる。ひと目でわかるようにモノは重ねない。

2 使用頻度の高いものを手前に

よく使うものほど手前に入れる。引き出しを開けきらなくても取り出すことができるので効率がよい。

3 入れるものはシンプルに

同じものをいくつも入れず、できるだけ厳選したものだけを入れる。モノは全体の8割程度にとどめるとよい。ストックは2段目へ。

POINT

ジャストサイズに仕切って定位置をつくる

引き出しの中は人目に触れる機会も少ないため、再び散らかりやすい場所。そのような“リバウンド”を防ぐためには、できるだけジャストサイズに仕切るとよい。パズルのピースをあてはめるように使ったら必然的に同じ位置に戻せることが理想だ。

私はこう使う

中央の引き出しには今日やる書類を入れる

本橋潤一（32）総務

朝出社したら、その日のうちに処理しなければならない書類を中央の引き出しに移動。やらなければならない分量が一目瞭然で、空になると達成感も得られます。

04

Circumstance of a Desk

深い引き出しにも
モノは立てて収納

引き出しの中の整理②

真ん中・下の引き出しは保管とストック

容量の大きい深さのある引き出しを使いこなすためのポイントは、何が入っているかひと目でわかるように立てて入れること。一番下の引き出しに書類を立てて入れることはもちろん、2番目の引き出しに入れる小物も極力立てて収納する。比較的いろいろなものを入れられる場所なので、スペースをうまく使うことが大切。自由度が高い分、不要なものをため込みやすいので、時々チェックして処分しよう。

▶▶ 真ん中の引き出しの整理

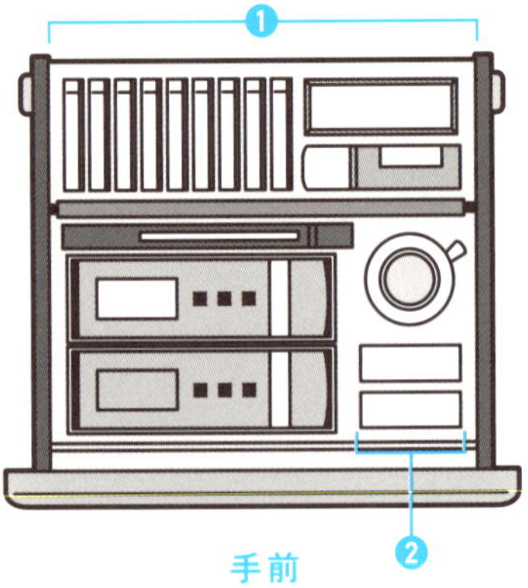

① 高さがあり、ほかに入らない小物を入れる

CD-Rやちょっとした私物など、高さのあるものを入れる。詰め込みすぎやモノを重ねて入れることは避け、立てて入れる。

② 文房具などのストックを入れる

文房具のストックや一番上の引き出しに入らなかったものなどを入れる。しかし、ストックは必要以上に持たないように。

▶▶ 一番下の引き出しの整理

定位置を決めることは収納スペースの有効活用につながり、書類やモノの紛失を防ぐ。定位置から取り出して定位置に戻せば、ストレスを感じることなくスムーズに作業ができる。

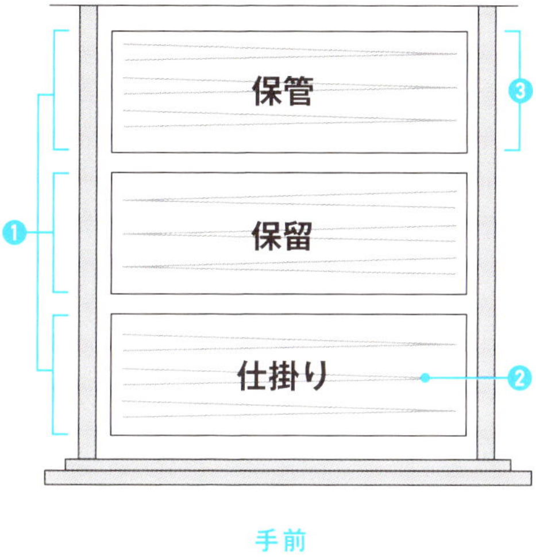

1 ファイルボックスを入れて仕切る

引き出しの中にファイルボックスを入れ、「仕掛り」「保留」「保管」などとカテゴリー分けをして書類を整理する。

2 クリアホルダーへ入れ立てて収納

書類は案件ごとにクリアホルダーにまとめ、ファイルボックスに入れる。立てて入れることで、必要な書類が探しやすく取り出しやすい。

3 保管する書類は奥に入れる

閲覧頻度の低い「保管」が目的の書類は、引き出しの奥へ。取り出したり閲覧する可能性が高いものを手前から順に入れる。

POINT

ファイルボックスで書類の入れ替えもラクラク

深い引き出しの仕切りにはファイルボックスが便利。クリアファイルだけでは倒れてしまう書類を立てて美しく整理することができるほか、大きなカテゴリー分けも可能。カテゴリーごとの並べ替えも、ファイルボックスをサッと取り出して入れ替えるだけで完了する。

私はこう使う

仕事中はカバン 退社時はパソコンを入れる

山浦祐司（29）IT

真ん中の引き出しには出社したらカバンを入れ、退社時にパソコンを入れています。余計なものを入れる引き出しがなくなったのでモノも増えなくなりました。

デスクまわりの整理術

05
Circumstance of a Desk

瞬時に判断して
どんどん捨てる

書類の廃棄術

書類のスリム化で活用度アップ

また使うかもしれないと捨てることに不安を覚え、ついため込んでしまう書類。保管しておくべき書類と破棄してもいい書類の判断は難しいものだ。手持ちの書類が増えるほど、スペースを圧迫するばかりか必要な書類の検索性までも低下してしまう。不要な書類は常に廃棄していくという習慣をつけ、捨てる基準を身につけよう。必要な書類のみを手元に置くことで、適切に活用することができる。

▶▶ 保存場所で捨てる流れをつくる

書類の置き場所のルールを決め、不要な書類が廃棄できる流れをつくろう。流れに沿って書類を移動させ、さらにスペースで容量を区切ることで、適切な量の書類を適切な場所に整理することができる。

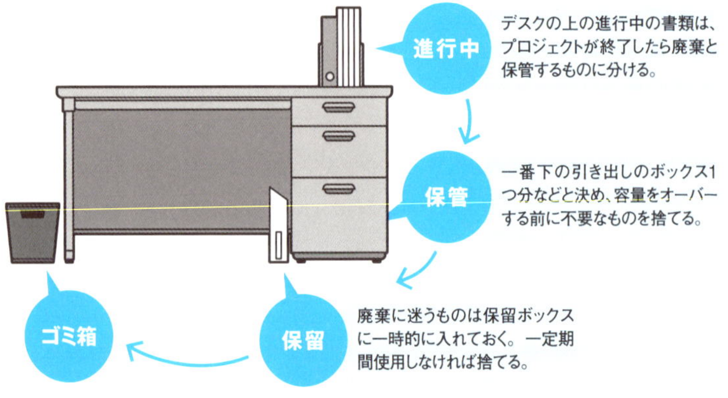
進行中
デスクの上の進行中の書類は、プロジェクトが終了したら廃棄と保管するものに分ける。
保管
一番下の引き出しのボックス1つ分などと決め、容量をオーバーする前に不要なものを捨てる。
保留
廃棄に迷うものは保留ボックスに一時的に入れておく。一定期間使用しなければ捨てる。
ゴミ箱

▶▶「廃棄」「保留」「保管」の判断方法

書類をひとつずつ見直していては時間がかかってしまう。書類の「破棄」「保留」「保管」の判断基準をフローチャートにまとめた。これを参考にサクサク判断し、捨てる作業に時間をかけすぎないことが大切だ。

1 1年以上使用していない書類は、今後も使う見込みがないのでまず捨てよう。大量の書類を扱っている場合は、期間を縮めて判断する。

2 会社で保存期限のルールが定められている場合や、書類自体に定められているものはそれに従うこと。

3 原則として、デジタルデータが残っているものは紙でとっておく必要はない。必要な時にはプリントアウトして使う。

4 使用する予定があるものは保管、使うかもしれないと廃棄することをためらうものは保留にし、それ以外のものは廃棄する。

5 使うかもしれないと思うものを無理やり捨てる必要はない。一時的に保留とし、一定期間使用しなければそのまま捨ててしまおう。

デスクまわりの整理術

06 書類整理に欠かせない定番アイテムの活用術 クリアホルダーでのファイリング

Circumstance of a Desk

形をそろえてスッキリ整理

書類整理の必須アイテムが「クリアホルダー」だ。バラバラのサイズの書類もクリアホルダーに入れることで、大きさがそろい扱いやすくなるほか、使いやすい独自の方法で分類ができる。また、まとめた書類は、ファイルボックスなどに立てて整理することが鉄則。せっかくクリアホルダーに入れても、横置きで積み上げてしまっては意味がない。下に積んだ書類を忘れてしまったり、緊急度の高い仕事が埋もれてしまわないように、立てることで全体量を把握しておきたい。

►► 書類はクリアホルダーに入れる

クリアホルダーは綴じる手間がなく、投げ込み式に挟むだけで書類が整理できる便利なグッズだ。分類して大きなまとまりとして整理することができるので紛失を防ぎ、書類をキレイな状態で扱える。

テーマごとにまとまりでとらえる

書類を一枚一枚きちんと整理することも大切だが、多忙な時はクリアホルダーに投げ入れるだけでも十分。

書類が折れたりせずキレイに管理できる

書類の端が折れたり汚れることなく、キレイな状態で扱うことができる。そのままカバンに入れても安心だ。

まとまっているので書類をなくさない

書類をそのままデスクに放置していると紛失の可能性大。しっかりクリアホルダーでまとめておけば、その危険が少なくなる。

▶▶ A4クリアホルダーに統一する

ビジネスシーンにおいて、一般的に用いられる書類はA4サイズが主流。クリアホルダーもすべて同一サイズのA4に統一すれば、収納効率が上がり検索性もアップする。見た目もキレイで扱いやすい。

サイズが違う書類をA4サイズにする

サイズがバラバラの書類は扱いにくく、紛失の恐れがある。クリアホルダーに入れてA4サイズにすることで、その心配がなくなる。

すべてをA4サイズに統一する

同一サイズのクリアホルダーにまとめると、書類の収納効率が格段にアップ。整理もしやすいため、使用時の検索性も上がる。

▶▶ 色付きのクリアホルダーを使う

視覚で直感的に区別できる色付きのクリアホルダーが便利。優先度やプロジェクトごとなどで使い分けよう。ただし、色の使いすぎは混乱を招くため3色程度にとどめるのがよい。

［例1］優先度で分ける

「赤」＝緊急、「黄」＝今週中、「青」＝定期などというように仕事の優先度に合わせて色を変える。目立つため締め切りを忘れにくい。

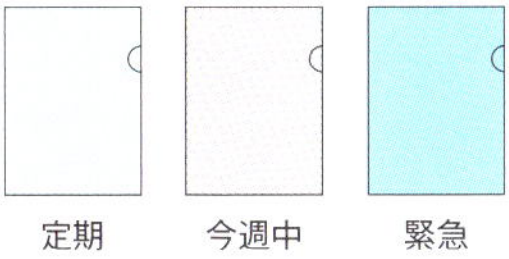

［例2］プロジェクトで分ける

進行中のプロジェクトごとに色を分ける。ひとつのプロジェクトで書類をいくつかに分けている場合にも瞬時に見分けがつくため有効。

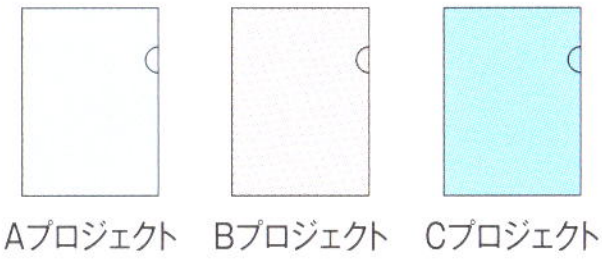

便利アイテム

自立する極厚クリアホルダー

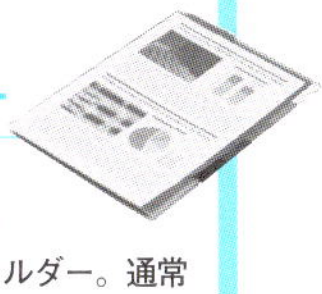

キングジムの「スーパーハードホルダー」はその名の通り超丈夫なクリアホルダー。通常のクリアホルダーの約3倍の厚みがあり、ボックスに立ててもへたれず、カバンの中で折れ曲がってしまうこともないスグレモノ。

私はこう使う

クリアホルダーをクリアホルダーでまとめる

松本健（33）営業

タスクごとにクリアホルダーで整理しているので、関連するものはそれらをさらにクリアホルダーでまとめています。パソコンの階層と同じ感覚で扱えるため、情報がスッキリ整理されました。

デスクまわりの整理術

07

Circumstance of a Desk

見出しをプラスして
もっと使える書類整理を目指す

クリアホルダーに見出しをつける

検索性が高まり、内容が一目瞭然

書類を分類してクリアホルダーに入れるのは、整理術の第一段階。キレイに整理しても、クリアホルダーが増えてくると検索性は低下するもの。ホルダーが増えれば増えるほど、取り出しやすく使いやすい見出しをつける必要が出てくる。書き方のポイントは、簡潔でわかりやすく、見つけ出しやすいキーワードを入れること。わかりやすさと継続できる方法であることがポイントだ。

▶▶ 見出しは右上につける

見出しをつける位置は、クリアホルダーの右上。デスクの上に立てておくときにも、引き出しの中のボックスに横向きで立てておくときにもっとも見やすい位置が右上だ。

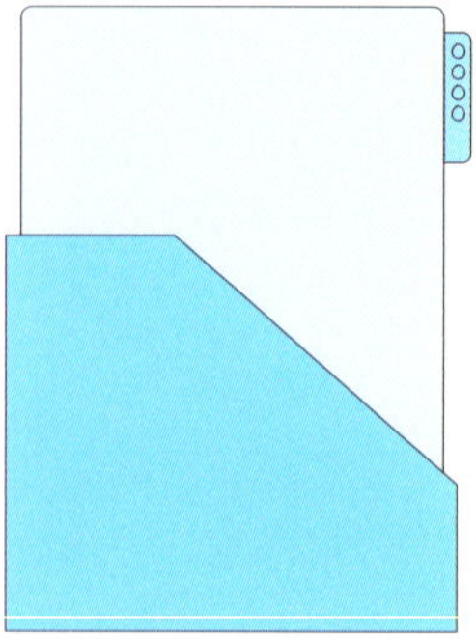

デスクの上

進行中の書類として机の上のボックスに立てておくには右上が見やすく、すぐに取り出しやすい。

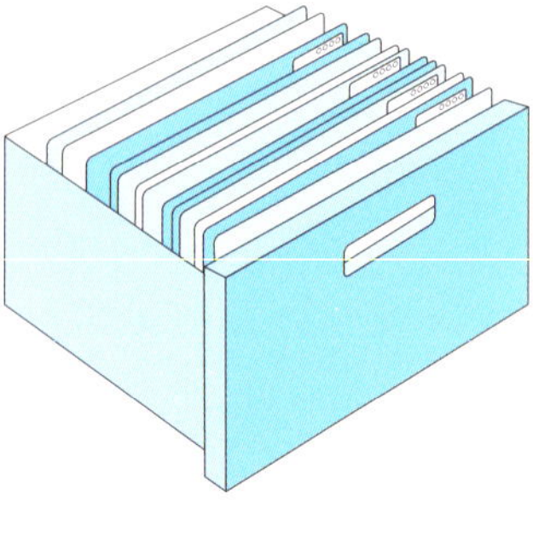

引き出しの中

見出しを右上につけ、横向きで引き出しの中のボックスへ入れる。見出しが上にくるので検索しやすい。

▶▶ 検索性の高い見出しのつけ方

見出しに書く内容は、クリアホルダーの中に何の書類が入っているかが、ひと目で明確にわかるものでなければならない。膨大なファイルの中から探し出すことをイメージして実用的な見出しをつけよう。

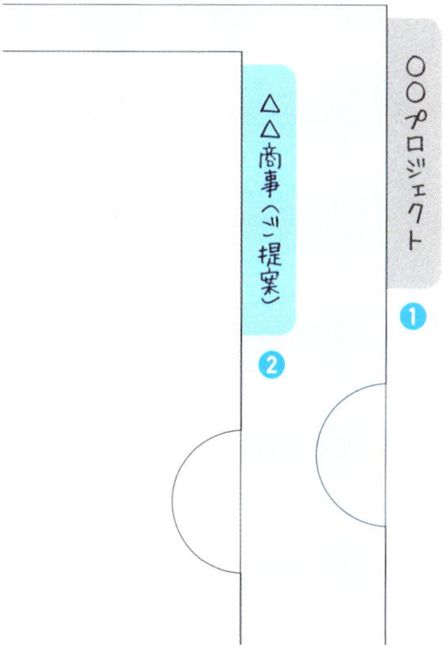

❶ 簡潔でわかりやすい見出しをつける

見出しは必要な書類を取り出すことだけが目的なので、詳細まで書く必要はない。わかりやすく簡潔につけよう。

❷ キーワードは3つまでにする

見出しに記すキーワードはクライアント名+内容などとし、3つまでにとどめたい。細かく書きすぎてもわかりづらくなるので注意。

❸ 飛び出るインデックスラベルがおすすめ

ボックス内に書類をたくさん入れている場合には、取り出して確認する必要のないクリアホルダーから飛び出るタイプの見出しが便利。

POINT

内容がわかれば付箋でもOK

見出しをつける目的は、内容をひと目で把握できるようにすること。きちんとした見出しをつけるのが面倒だと感じたり、小さくてわかりにくいと感じるのであれば、付箋でも紙とセロハンテープで自作してもOK。手軽に続けられ、使い勝手のいい方法を選ぼう。

私はこう使う

色付きの見出しでキーワードをプラス

近藤康臣（28）営業

色付きの見出しを使い、関東は緑、関西は赤というように分けています。時間的要素と取引先名を書いたスッキリした見出しですが、そこに色で地域のキーワードを加えて探し出しやすくしています。

デスクまわりの整理術

08

Circumstance of a Desk

書類とファイルの
ベストな組み合わせを考える

2つ穴・2つ折りファイルを使った整理

ファイルを使い分ける上級テクニック

これまでクリアホルダーを使った書類整理術を紹介してきたが、書類の量や扱い方によっては、他のファイルを使った方が便利な場合もある。書類の特性に合わせてファイルを使い分けよう。

▶▶ クリアホルダーとの使い分け

クリアホルダーは便利で使いやすいアイテムだが、使っているうちに順番が入れ替わってしまう、大量の書類の間から必要なものだけを抜き出すのが大変など欠点もある。他のファイルの得意分野を知り、上手に使い分けよう。

2つ穴ファイル

書類がバラバラにならず、時系列に並べたいときや長期間保存する場合に適している。書類に穴を開けなければならないのが難点。

クリアホルダー

綴じる手間がなく、書類をキレイな状態で扱える。カテゴリーごとにまとめることができ、中身が見えるので普段使いに便利。

2つ折りファイル

書類を投げ込み式に挟むだけで簡単。ファイルが大きく開けて取り出しやすい。2つ折りファイル自体がファイルボックス内の仕切りにもなる。

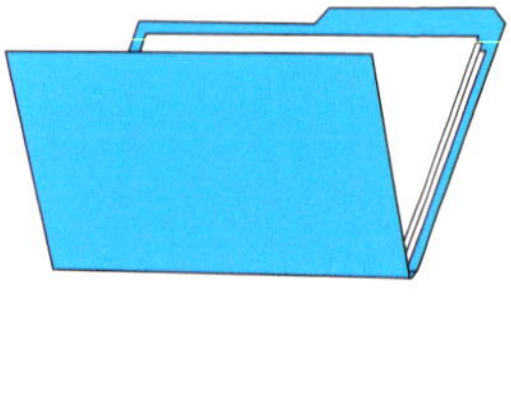

▶▶ 2つ穴ファイルの使い方

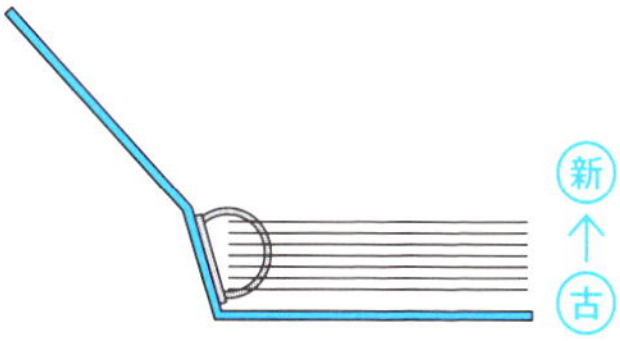

時系列で書類を上に重ねていく

古いものから順にファイルに綴じ、上に新しいものを重ねていく。閲覧時には、直近のものからさかのぼれる。

保存に向いているもの

- 議事録
- 見積書
- 報告書

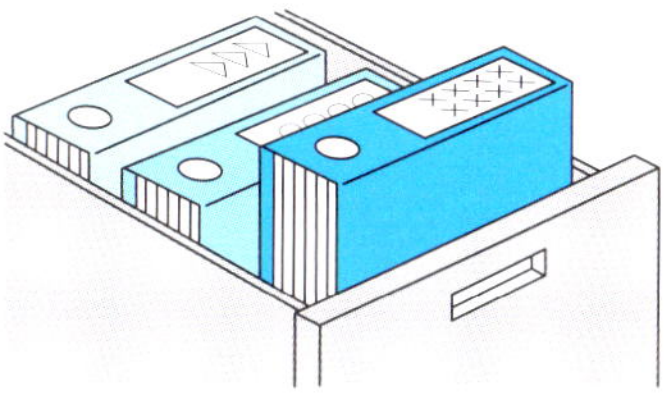

共有ファイルにしてキャビネットに保管

長期保存する書類は共有の場合が多いので、カギのかかるキャビネットなどに保管し、必要な時に閲覧できるようにしておく。

引き出しに立てて入れる

引き出しに入れる場合には背表紙を上にし、見出しがわかるようにして入れる。書類が増えると重くなるので、出さずにわかる工夫を。

▶▶ 2つ折りファイルの使い方

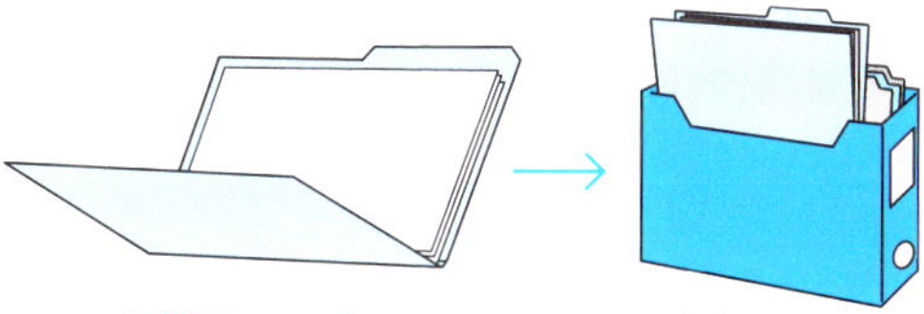

書類はファイルに挟むだけ

書類を間に挟むだけで手軽に使える。ファイルが大きく開くので、間の書類が探しやすく、頻繁に出し入れする場合に便利。

そのままファイルボックスへ

クリアホルダーと同じように、ファイルボックスに立てて整理することが可能。クリアホルダーの代わりにこちらを使ってもよい。

保存に向いているもの

- 書類の入れ替えが激しいもの
- 一時保管

! POINT

2つ折りファイルを仕切りとして使う

大量のクリアホルダーのファイルボックス内の仕切りとして2つ折りファイルを利用する方法もある。分類しやすく、検索性がアップするほか、カテゴリー全体に関する書類は2つ折りファイル、それぞれの書類はクリアホルダーに入れるなどアイデア次第で使い勝手がよくなる。

デスクまわりの整理術

09

Circumstance of a Desk

名刺のスリム化で
ビジネスチャンスをつかむ

名刺管理術

名刺を“情報”としてとらえる

仕事で人と会うたび、名刺はどんどん増えていくもの。手元にあることに満足して整理を後回しにしがちだが、その都度整理しておかないと必要なときに名刺探しにムダな時間をかけることになってしまう。名刺は何年か先になって役立つこともあるとはいえ、時間が経てば異動や退職で有効ではない名刺も増える。名刺もひとつの情報ととらえ、活用できる状態にしておくことでビジネスチャンスを手に入れよう。

▶▶ 名刺は捨てることで活用できる

有効ではない名刺が増えるほど、名刺を探し出すのに時間がかかってしまう。必要な名刺を活用できる状態にしておくには、思い切って有効ではない名刺を捨てることも一つの方法だ。

必要以上に名刺が多い

きちんと整理しておいても枚数が多ければ、必要な名刺を瞬時に探し出すのは困難。

→

探すのに時間がかかる

たとえ5分でも、長いスパンで考えれば莫大な時間を名刺探しに費やしていることになる。

→

毎回時間を浪費している！

▶▶ 名刺をもらったら……

1 日付

もらった名刺に日付を入れるのは基本中の基本。その日のうちに書き込もう。後で整理するときにも役に立つ。

2 会った場所

来社か訪問か、別の場所で会った場合などメモしておくと、そのときの面談の状況を思い出すのに役立つ。

3 用件

打ち合わせ、プロジェクトの会議、担当交代のあいさつなど、会ったときの用件を簡単に書いておく。

4 聞いた情報や気づいたこと

趣味や出身地など話の中に登場した何気ない情報をキャッチしておくと、次に会ったときの話題になり好感度も上がる。

5 表面に書く

どんな方法で整理するにせよ、名刺の裏まで確認するのは手間。表の空いているところに書き込んでおこう。

私はこう使う

似顔絵を描いて顔を覚える

花井俊輔（30）営業

なかなか顔を覚えられないので相手の顔を忘れないうちに、名刺に簡単な似顔絵を描いています。似顔絵といっても顔の形やメガネなどの特徴を描く程度ですが、思い出す手掛かりになるのでとても役立っています。

デスクまわりの整理術

10

Circumstance of a Desk

検索キーワードが
名刺整理のマイルールに

名刺整理術

使いやすさを重視して整理する

もらった名刺の管理方法に決まったルールはない。ファイルで整理する、箱に入れる、データ化するなど整理方法はさまざま。いずれにせよ、必要な名刺がすぐに取り出せるようにしておけばいいのだ。会社名のあいうえお順にこだわる必要はなく、整理の基準となるのは自分がどの情報から相手を思い出しているか。この方法をマイルールとし、「使う」ことを考えて整理方法を選ぼう。

▶▶ 名刺整理のマイルールをつくる

どの情報から相手を思い浮かべるか

ソフトウエアの
開発をしていて
3カ月前に会った
××会社の……

→

マイルール

業種
↓
日付
↓
会社名

思い浮かべる順が検索のキーワードになる。これをマイルールとして、名刺を整理することで検索性が格段にアップする。

▶▶ ファイリングしてきちんと整理する方法

名刺をもらってすぐに整理できるきちんと派やすべての名刺を会社に置いておく人は、バインダーや回転式名刺ホルダーがおすすめ。見やすくシンプルで使いやすい定番の形だ。

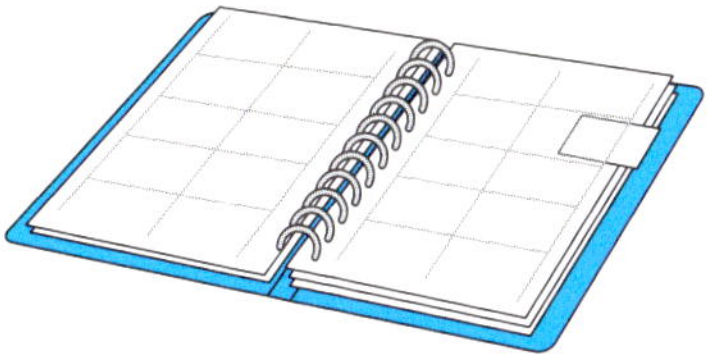

バインダーで整理

見やすく、名刺整理の定番の形。リフィルを追加することで、大きな並べ替えをせずに名刺を増やしていくことができる。

回転式名刺ホルダーで整理

デスクの端に置くことができ、スピーディな検索が可能。コンパクトでそれほど場所を取らないのも魅力。

▶▶ ザックリまとめてから整理する方法

いちいちバインダーなどに収納することを面倒だと感じるなら、ひとまずザックリとまとめておこう。もらった名刺を持ち歩きたい場合にも取り出しやすいので便利。

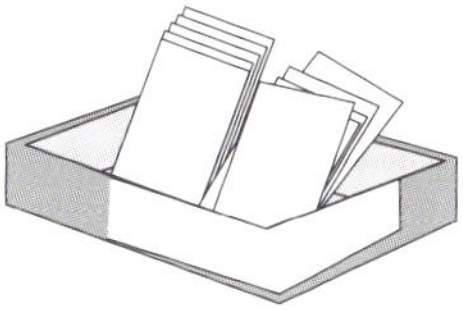

卓上のカードケースにとりあえず入れる

順番などまったく気にせず、もらった名刺はとりあえずカードケースへ。すぐに連絡を取りやすいが、いっぱいになる前に整理を。

→ 定期的にバインダーや回転式名刺ホルダーへ整理する。

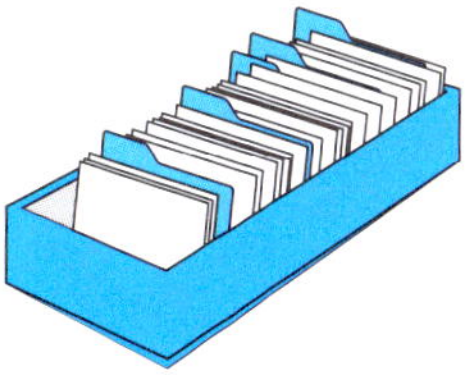

名刺整理箱に入れて整理する

出し入れが簡単でインデックスで分けておけるので、ある程度の検索性も確保できる。きちんととザックリのいいとこどり。

POINT

名刺整理に時間をかけすぎない

名刺整理は名刺を活用するためのあくまで手段。活用することに重点をおき、こまめに整理することで探す時間や手間を省くことが大切。ビジネスチャンスを逃さないためにも、必要なときに使えるよう準備しておこう。

11
Circumstance of a Desk

カバンの中身は
自分の能力を映す鏡だと思え!

カバンの整理

カバンの中身にも整理整頓が必要

毎日持ち歩いているカバンが、いらないもので膨れ上がっていないだろうか。あれもこれもと「あったら便利」なものを詰め込んでいたり、不要なレシートや古い雑誌などが放置されていると、必要なものがすぐに取り出せず機能性が著しく低下する。余計なものはカバンから出し、スッキリとした機能的なカバンを維持できるよう、カバンの中身を日頃から整理整頓しておこう。

▶▶ 本当に必要なものだけをカバンに入れる

カバンの中身が多い人は、一度空にして「明日絶対必要なもの」だけをカバンに戻してみよう。実はそれほど必要ではなかったものの多さと、カバンの使いやすさに驚くはずだ。

明日
必要なもの
……

- 古い雑誌
- 以前使った地図
- 必要以上の筆記用具

雑誌や地図などはカバンの中に放置されがち。筆記用具も1～2本あれば十分なので、すぐにカバンから出して処分を。

POINT

カバンの中身は意外と見られている

ふとした瞬間に見られたカバンの中がぐちゃぐちゃに散らかっていると、それだけで相手にだらしない印象を与える。そればかりか、書類が見当たらず相手を待たせてしまっては仕事ができない人という烙印を押される可能性だってあるのだ。カバンの中が自分しか見ない場所ではないことを認識しておこう。

▶▶ グループ別にまとめて収納

カバンの中身はグループ別にまとめておくと便利だ。例えば、ビジネスグッズとプライベートグッズに分けておけば、取り出しやすく、用途に合わせて取り出して使うことができる。

ビジネスグッズ

プライベートな私物が紛れていないので、取引先でも気兼ねなく取り出せる。

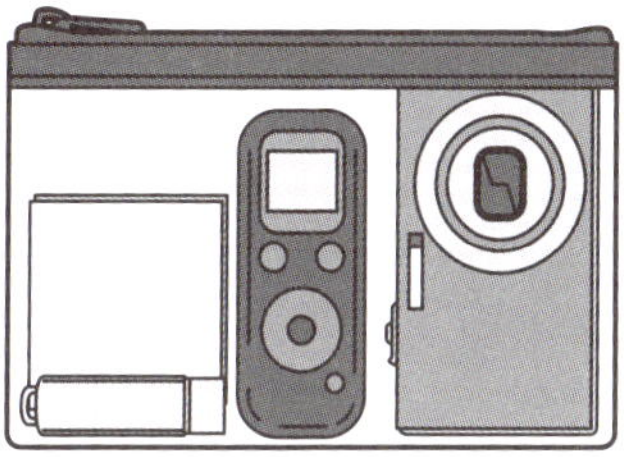

- デジカメ
- ICレコーダー
- USBメモリー
- 付箋

プライベートグッズ

歯ブラシやハンカチなどのエチケットグッズや音楽プレーヤーはビジネスグッズとは別に。

- 音楽プレーヤー
- 歯ブラシ
- サプリメント
- ハンカチ
- ティッシュ

▶▶ 俯瞰できるカバンにする

引き出しの整理同様、カバンの中身も立てて収納するとひと目でわかり取り出しやすい。すぐに取り出すことができ、使ったら元の場所に戻すだけなので簡単に整頓されたカバンを維持できる。

上から見て必要なものをすぐ取り出せるように立てて収納する。

便利アイテム

カバンの中を整理するポケットボード

ビー・ナチュラルの「カバンの中身」は、カバンの中を使いやすく整理するポケットボード。カバンの底にモノがたまってしまうという悩みからも解放される。サイズ展開も豊富で、自分のカバンに合ったものを選べる。

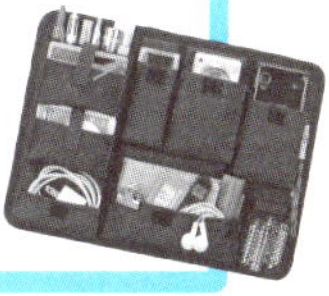

デスクまわりの整理術

12
Circumstance of a Desk

記録した情報を
活用しやすいノートづくり

ノートの整理術

ノートに書いて頭の中も整理する

手で書くという行為には「脳の活性化」と「情報の記憶」という効果がある。手で書いてアウトプットすることによって、同時に頭の中が整理されアイデアも湧きやすくなる。ノートに蓄積する情報は、あとで見返しやすく、活用しやすいように書くことが重要だ。基本の書き方を踏まえ、わかりやすいノートをつくるコツを紹介する。

▶▶ 基本の書き方

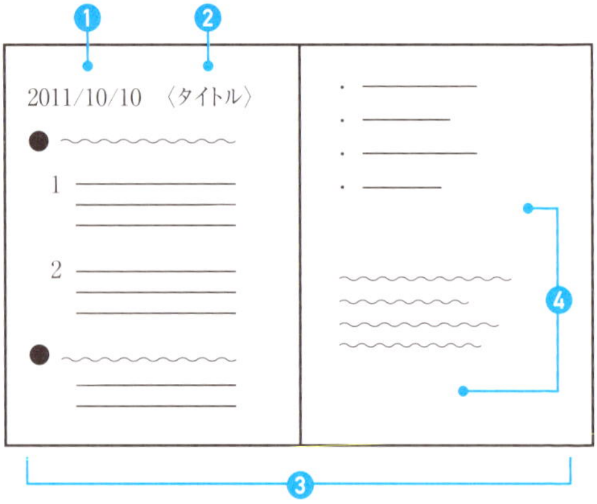

1 日付を入れる

最初に必ず記録した日付を入れておく。情報を検索するときの目印にもなる。

2 見出しを入れる

「A社○○打ち合わせ」「○○プロジェクト会議」など、記録内容の簡潔な見出しをつける。

3 ページをまたがない

ひとつの情報は1ページもしくは見開きの2ページにまとめ、一覧できるようにする。

4 余白をあける

詰めすぎずややゆったり書くことで、見やすくなり追記もしやすくなる。

▶▶ わかりやすいノートのコツ

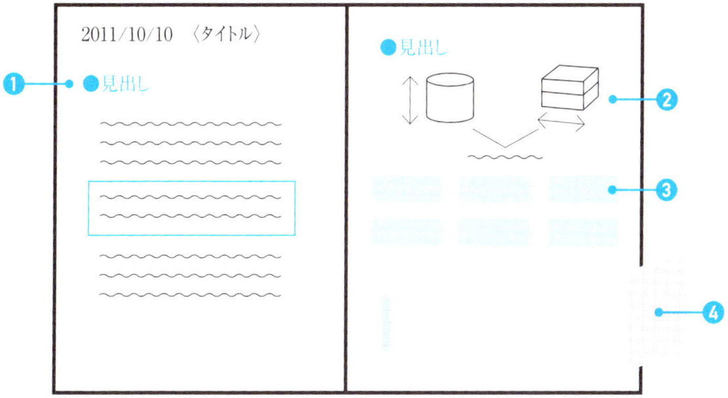

1 色分けする

記入する内容によってペンの色を変えるとわかりやすい。通常の記録は黒、重要な項目は赤、追記や気づきは青というのが一般的。

2 図やイラストを入れる

言葉で全体像を表現するのが難しい場合には、図解やイラストを使って情報を整理する。視覚化でき、よりわかりやすくなる。

3 並べ替えには付箋を使う

貼ってはがせてまた貼れるという利点から、未確定のタイムテーブルやアイデアなど並べ替えたいものは付箋に書く。

4 資料をそのまま貼る

役に立ちそうな新聞、雑誌の切り抜きや常に携帯しておきたい資料はノートに貼っておく。大きいものは折りたたんで貼る。

! POINT

気構えず自由に書いてみよう

使う人の業務内容や目的、嗜好によって適したノートの使い方も違い、正解があるわけではない。細かなルールに縛られてストレスを感じるよりも、自由に書いてノートに記録する習慣をつけるところから始めてみよう。そこから自分に合ったノート術を見つけていけばいいのだ。

私はこう使う

1回の打ち合わせは見開きで完結させる

田中俊太（27）営業

1回の打ち合わせや会議の内容は、見開きに収めるようにしています。書くことが少なくても余白をあけたまま、別の打ち合わせは次の見開きを使います。日付と見出しが必ず左上にくるので、あとから見返しやすく便利ですよ。

デスクまわりの整理術

13 Circumstance of a Desk

自分にピッタリの手帳に
機能をプラスして使う!

手帳の整理術

時間を有効活用できる手帳にする

手帳は、限りある時間を有効活用するためのツール。自分がどんな使い方をするかを明確にイメージすれば、適したタイプやサイズが見えてくるはずだ。例えば、移動時間が長いなら、手帳に目標やタスクを盛り込んですき間時間を使える手帳にするなど、単なるスケジュール帳にとどまらず、使い方次第で自分のレベルアップも図ることができるのだ。

▶▶ 手帳サイズの選び方

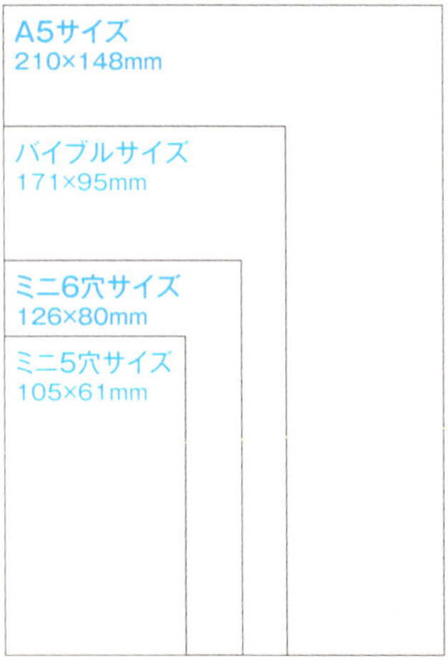

A5サイズ

A4用紙も綴じることができ、企画や技術系の職業に人気。携帯するにはやや大きめ。

バイブルサイズ

システム手帳の原点のサイズ。リフィルの種類も豊富で収納と携帯性のバランスが◎。

ミニ6穴サイズ

大きすぎず女性に人気。バインダーは高機能なものからスリムなものまで種類が豊富。

ミニ5穴サイズ

もっとも小型で携帯性に優れる。メモノートとして外出の多い営業マンにおすすめ。

▶▶ すき間時間も活用できるアイデア

手帳にさまざまな機能を追加し、高機能化させてしまうのも時間管理に有効な一つの方法。すき間時間に何でもできる充実した手帳なら、効率よく時間を使うことができる。

❶ 計算機を携帯して交通費を計算する

忘れがちな交通費も移動中に計算してしまえばOK。薄型計算機なら邪魔にならない。

❷ ペンホルダーを追加すぐ書ける状態に

筆記用具を探す手間がなく、思いたったときにすぐ書けることが重要。

❸ クリップ式定規でサッとページが開ける

今日のスケジュールがすぐに開け、ちょっとしたものも定規で測れる。

❹ バーチカルタイプ対応シールで視覚的にとらえる

バーチカルタイプの手帳を使っているなら予定を視覚的にとらえられるシールが便利。

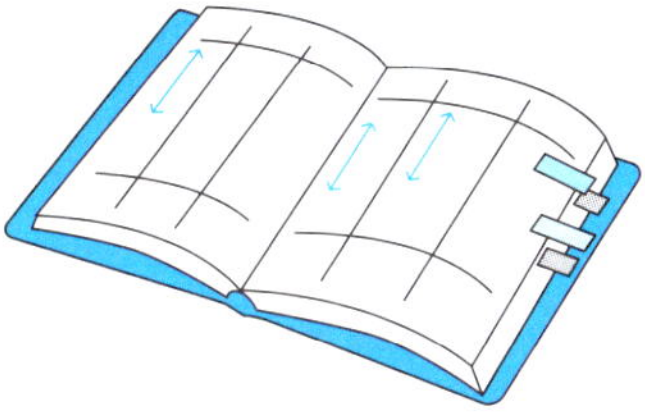

❺ 極薄付箋ならスッキリ貼れる

ToDoや未確定の予定に付箋が便利。極薄付箋なら手帳が厚くなりすぎない。

❻ ポケットをつけて領収書をまとめる

なくしやすい領収書は、手帳にポケットをつけて定位置に。会社に戻る前にまとめよう。

デスクまわりの整理術

14 Circumstance of a Desk

紛失、記入漏れをなくす
領収書の整理術

精算前の領収書の管理

クリアホルダーの簡単管理で習慣化

いつも精算期限ギリギリになって頭を悩ませる領収書と経費の精算。「あるはずの領収書がない」「何の領収書かわからない」「領収書のない交通費を覚えていない」など、その場で整理しなかったがために起こる領収書の悩みばかり。「日付順に重ねてクリアホルダーに入れる」という、簡単な方法での領収書管理を紹介する。その日のうちにやるということを習慣にすることが重要だ。

▶▶ 領収書を埋もれさせないクセをつける

領収書を財布に放置すると、レシートと混ざりうっかり捨ててしまう危険性がある。必ずその日のうちに財布から取り出そう。また、但し書きを詳しく書いてもらうと、あとでわからなくなる心配がない。

領収書

株式会社○○○ 様

￥10,000-

但　書籍代として

2011年11月1日

△△堂

領収書の取り扱い

- 品代にしない
- その日のうちに財布から取り出す

領収書の但し書きは品代とせず、何の領収書かわかるように詳しく書いてもらう。

▶▶ クリアホルダーへ日付順に入れる

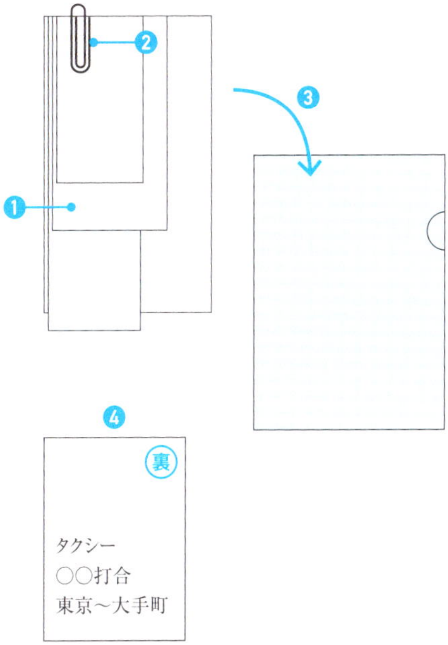

1 日付順に重ねる

領収書の大きさはさまざまだが、大きいものも小さいものも一緒に日付順で重ねる。

2 クリップでとめる

バラバラにならないようにクリップでとめてまとめておく。

3 A4 クリアホルダーに入れる

他の書類と同様にクリアホルダーに入れて管理。中身が見えるので紛失の心配がない。

4 裏面に内容を書く

何の領収書かわからなくならないよう、裏面に内容や移動場所、用件などの補足を書く。

▶▶ 交通費はその場でメモる

記入漏れの心配があるのは、領収書の発行されない電車賃などの交通費。交通費は手帳などの常に持ち歩いているものにその場でメモをするか、携帯電話から会社の自分宛にメールを送ると便利。

NG! **中の見えない封筒で管理をしない**

領収書を封筒に入れて管理していると、中が見えない上、日付順にまとめるにも取り出しづらく使い勝手が悪い。また、紛失や封筒ごと失念してしまう心配もあるのでおすすめできない方法だ。できるだけシンプルな方法で管理しよう。

デスクまわりの整理術

15

Circumstance of a Desk

散らかりデスクとサヨナラ
書類整理のわずらわしさがなくなる!

ペーパーレスの整理術

紙資料をデジタル化して整理する

これまで紙資料の整理術を紹介してきたが、すべてをデジタル化して一元管理するという方法もある。その際には、どの資料をデジタル化するか考えるのではなく、紙資料はすべて捨てるという潔さを持つこと。資料はできるだけデータでもらい、打ち合わせや会議の書類もすぐにスキャンして紙は捨てる。これを徹底すれば紙ベースの資料を持つことは激減し、整理も簡単になる。

▶▶ 検索しやすい見出しをつける

紙資料をデータ化したら、いつでもすぐに取り出せる状態にしておくのがベスト。フォルダ名は頭に日付を入れ、簡潔でわかりやすい名前をつけると検索性もアップする。

0715_○○商事_提出資料

日付　クライアント名　内容

頭に作成した日を入れ、クライアント名、内容といった具合に、検索しやすいフォルダ名のつけ方で統一する。

NG!

フォルダやファイルに適当な名前をつけない

フォルダやファイル名は、その場しのぎの適当な名前をつけて保存していると後から探すのが大変だ。とりあえずの名前でデスクトップ上に保存することは、極力避けよう。日付などの数字を要素として入れておくと、順番に並べられて便利。

▶▶ 形式にこだわらずどんどんデータに

会社に戻ってからまとめてスキャナーでデジタル化しようとすると、処理が滞り中途半端な状態になりがち。JPG、PDFなどの形式にこだわらず、そのときできる方法でどんどんデータ化してしまおう。外出先ならスマートフォンやデジカメが便利だ。

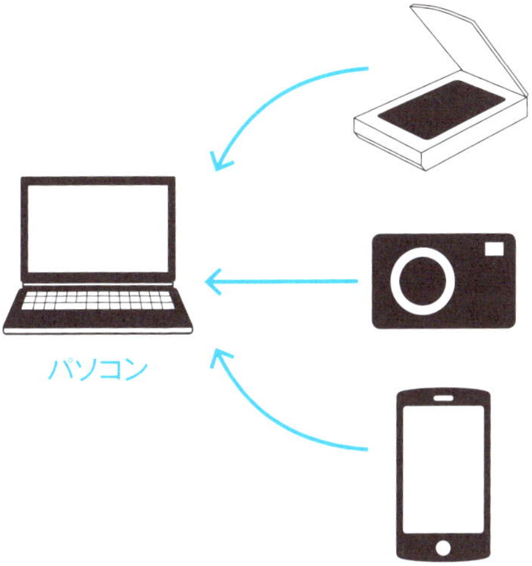

スキャナー

OCR機能がついたスキャナーならテキストデータにでき、書類内の文字検索も可能。

デジカメ

外出先でも撮影するだけなので、もっとも手軽な方法。読めればOKなのでこれでも十分。

スマートフォン

スキャンアプリが豊富で、角度を自動調整してくれるものやOCR機能のついたものも。

便利アイテム

手書きのメモをすっきりデジタル化

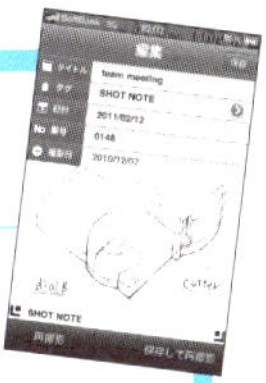

キングジムの「ショットノート メモパッド」は、スマートフォンで専用アプリを起動し、撮影するだけで手書きのメモがデジタル化される。日付と番号部分はOCRで読み取られるので検索も可能で、そのままメールで送信することもできる。

私はこう使う

資料はどんどんスキャンしてデジタルで保存しています

前田光太郎（34）企画

オフィスの複合機にはスキャン機能がついているので、終わったプロジェクトの資料はどんどんスキャンしてデジタルデータとして保存してあります。最近はFAXよりも、スキャンしたPDFをメールで送ることが多くなりました。

達人活用術 01 デスクまわり整理術

Circumstance of a Desk

捨てられる、探せる、維持できる引き出しをフルに活用した整理術

株式会社ワンビシアーカイブズ 三谷麻衣子さん

PROFILE

営業本部コンサルティング部所属。情報マネジメントサービスを総合的に取り扱い、丁寧なヒアリングから顧客の要望に沿った企業の文書管理や整理のコンサルティングを行う。ファイリング・デザイナー検定1級の資格を持つ。

文書整理コンサルティングのプロである三谷さんのデスクは、引き出しを活用することで常にスッキリとしている。仕事中は机の上にその時に進めているものの資料しか出さずに目に入ってくる情報を制限し、退社時にはパソコンもキャビネットにしまうためデスクの上にはペン立てと電話しか残らないという。三谷さんの整理術は特別なグッズを使うことなく、会社から支給されるものをうまく活用した誰でもすぐにマネできるものばかり。顧客のお悩みでも多い、「捨てられない」「探せない」「維持できない」をクリアする整理術についてうかがった。

check

達人のココが使える!

① 新しいもの、使ったものを手前に戻す

「使ったものを手前に戻す」クセをつけることで、必要なものが前、不要なものが後ろへと集約される。容量が増えてきても後ろほど使用頻度が低いと判断でき、捨てることに時間をかけずに済む。

② 引き出しで文書を整理する

引き出しの中に10cm幅のファイルボックスを入れ、文書を整理する。三谷さんの場合は、進行中がボックス3つ分、保管用がボックス2つ分と容量を区切ることで不必要な書類を破棄していく。

整理術 1 ファイル&引き出しの書類整理術

引き出しの中を階層化する

座ったまま取り出しやすい2段目の引き出しをメインとして活用。10cm幅のファイルボックスを入れ、業務ごとにまとめた2つ折りホルダーを立てて保管している。「新しいもの、使ったものを手前に戻す」というルールで自然に不要なものが整理されていく仕組みだ。

▶ 二つ折りホルダー + ファイルボックスで整理

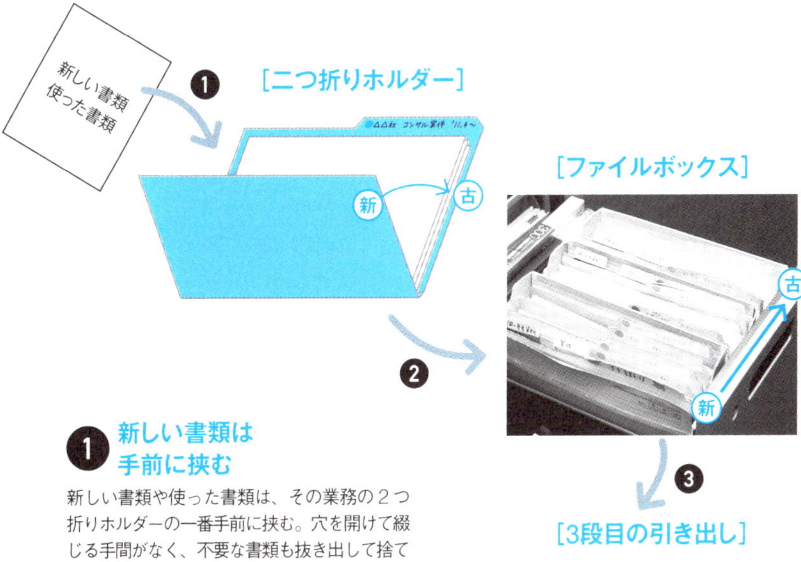

1 新しい書類は手前に挟む

新しい書類や使った書類は、その業務の2つ折りホルダーの一番手前に挟む。穴を開けて綴じる手間がなく、不要な書類も抜き出して捨てやすい。よく使う書類が手前にくるので検索性も高い。

2 使ったホルダーは手前に戻す

使用した2つ折りホルダーも引き出しに入れたファイルボックス内の手前に戻す。閲覧頻度が下がっているホルダーが自然に後ろに下がり、時間を取って取捨選択する必要がなくなる。

3 保管する書類は3段目へ移す

ファイルボックスがいっぱいになってきたら、後ろにある2つ折りホルダーで保管が必要なものを3段目の引き出しに移動。進行中の書類は引き出し2段目のボックス3つ分、保管書類は3段目のボックス2つ分と容量を区切る。

整理術 2 検索性の高い見出し

見出しに入れる内容をルール化する

三谷さんのホルダーの見出しには、「社名やプロジェクト名」「文書の種類」「開始年月日」の3つの要素と内容別のシールが付けられている。できるだけ具体的に見出しをつけることで検索性が高まり、必要な時にすぐに取り出すことができる。

▶三谷さんの見出しの付け方

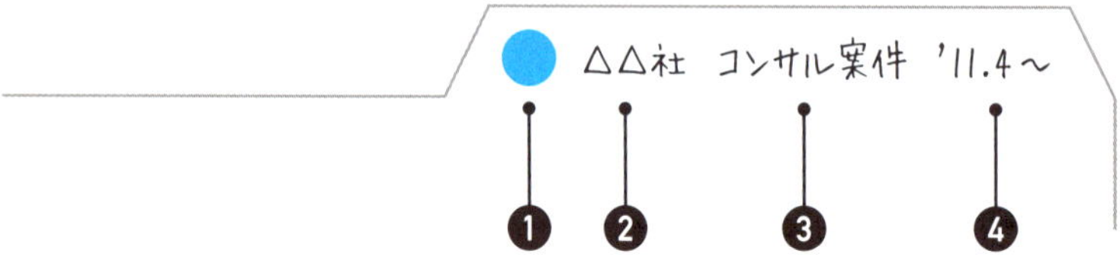

❶ シールで色分けをする

案件＝「赤」、プロジェクト＝「緑」、資料＝「黄」のシールで視覚的にもわかりやすい工夫がされている。

❷ 社名・プロジェクト名

顧客の社名やプロジェクト名など、固有名詞を入れることでホルダーを判別しやすくしている。ダラダラ書かず簡潔に。

❸ 何の書類かを具体的に

挟み込んでいる書類の種類をできるだけ具体的に書く。「～など」といったあいまいな見出しは付けない。

❹ 開始年月日を入れる

時間的な要素として、開始年月日を書き込む。開いて確認する手間がなく、保管後も期間を区切って破棄する場合などに便利。

仕切り付きA4クリアホルダー

商談に出かけるときに三谷さんが愛用しているのが、5種類の資料を分けて入れられるクリアホルダー。提案書、過去のメモ、説明に必要な資料などを入れて持っていく。

整理術 3 デスクの上の整理

必要なもの以外はデスクの上に出さない

デスクの上には、いま手をつけている仕事の資料しか出さないという三谷さん。使わない時には元の場所へ戻すという基本動作をこまめに行うことで、整理された状態を維持することができる。

必要なもの以外出さない

デスクがスッキリしていると目に入る情報が限られ、目の前の仕事に集中しやすい。

カバンは強力マグネットで

通勤用と商談用のカバンを使い分け、キャビネットに強力マグネットで収納。

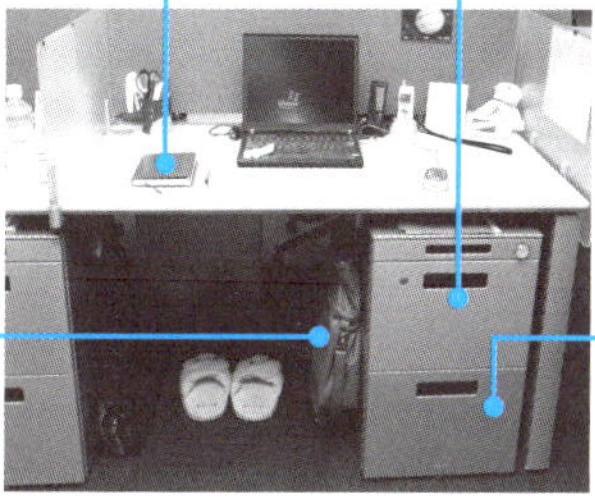

使用頻度の高い書類

座ったまま取り出しやすい2段目の引き出しには、使用頻度の高い書類を入れる。

保管用の書類

保管する書類は3段目の引き出しへ。容量を区切り、増えたら不要なものを破棄。

整理術 4 商談用ノート

商談用ノートは1冊に集約

以前はリーガルパッドに商談時のメモを取り、2つ折りホルダーに挟んでいたが、情報を収納してしまうことに不都合を感じ、A5サイズのノートに集約させることで過去の情報を引き出せるようにしている。

1冊のノートに時系列で書きとめる

商談時のメモは資料に書き込まず1冊のノートに集約。顧客へヒアリングした内容を蓄積させる。最近の傾向がわかり、過去の顧客のコメントを追うことが可能。

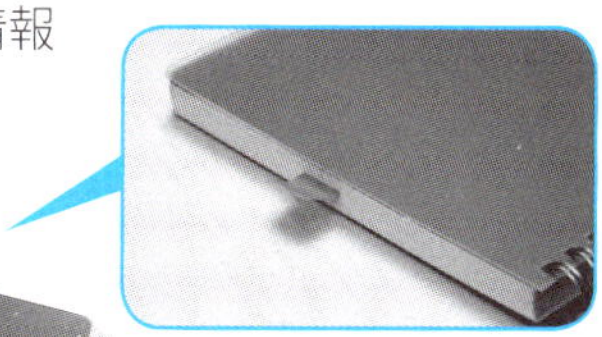

訪問する顧客の前回ページに付箋を貼る

同じ話題になった時に前回の内容を参照できるよう、訪問前に付箋を貼っている。すぐに開くことができ、会話をスムーズに進めることができる。

COLUMN 2

名刺のデジタル管理

名刺のデジタル管理はなかなか「正解」が見つかりにくいが、ここでは実践している人が増えてきている2つの方法を紹介する。

① デジカメ＆EVERNOTEで管理

名刺を撮影して画像として保存しておけば、入力の手間も省けるし、まちがって保存されることもない。名刺をデジカメで撮影してEVERNOTEに保存しておく。EVERNOTEならノートパソコンやスマートフォンでも確認できるので、出先でも名刺を見ることができる。保存名を名前にしておけば、後から検索することもできる。

② ピットレック（キングジム）を使う

キングジムから発売されている「ピットレック」は、名刺を撮影して管理できる専用のデジタル機器。会社名、氏名、登録日を自動的に認識してくれるので、それらをもとに名刺を検索できる。キングジムのHPから無償のソフトをダウンロードすれば、microSDカードを介してデータをパソコンで保存、編集することもできる。

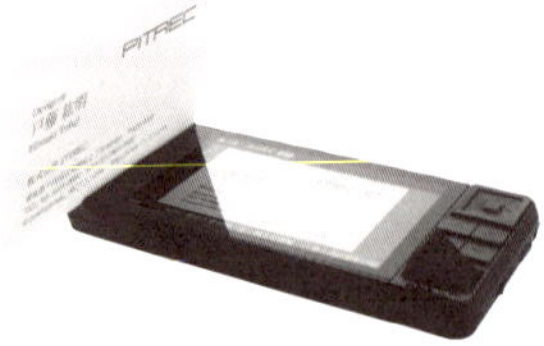

本体だけで名刺を撮影して管理できる。
問い合わせ：キングジム
http://www.kingjim.co.jp/

2

パソコンの整理術

Personal Computer

仕事の多くをパソコンでこなす
ビジネスパーソンにとっては
その使い勝手が仕事の効率に直結する。
パソコンの中を整理して
ほしいものがすぐに見つかる
快適環境を作り上げよう。

※この章は基本的にWindowsでの
操作を想定しています。

INTRODUCTION

パソコンの整理が必要なワケ

ほしいデータがすぐに見つかる環境を作る

仕事の中心であるパソコンの整理は極めて重要

いまや仕事に関係する多くの作業をパソコンで行っている。書類を作るのも、コミュニケーションをとるのも、調べものをするのも、ほとんどがパソコンだ。つまり、パソコンの使い勝手が仕事の効率に直結するということだ。また、パソコンにしか保存されていないデータは、バックアップしておくことも重要である。

▶ CONTENTS

図解 パソコンの整理

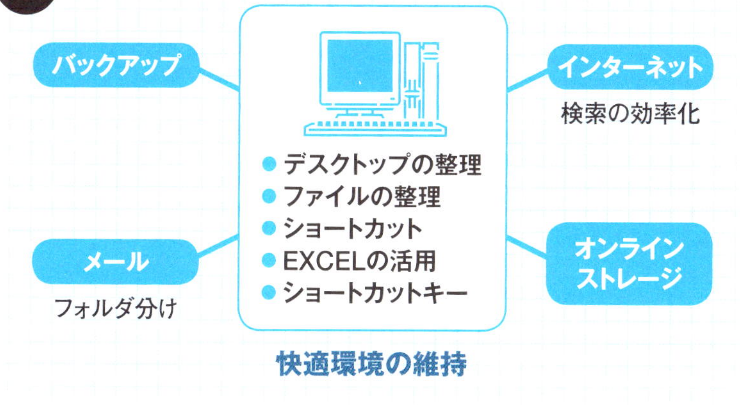

▶▶ パソコンの整理のポイント

point 1 探しやすい環境を作る

実在の机と同じように、パソコンの中身もほしいものがすぐ見つけられる環境を維持することが、仕事の効率アップにつながる。後から探しやすいようにファイル名を工夫するなど、事前のルール作りが大切。

point 2 便利なサービスは積極的に活用

オンラインストレージや最新のブラウザなど、パソコンを取り巻く環境は日々進化している。しかも、無料で使えるサービスもたくさんあるので、まずは試してみよう。便利なサービスを紹介しているサイトやブログも多いので、参考にしてみるといいだろう。

point 3 バックアップをとる

ビジネスでは、まさかのときのために対策を考えておくのが肝心だ。パソコンが壊れたときのために、データのバックアップをとっておこう。

パソコンの整理術

なぜ整理が必要なのか？
その「基本」を覚えよう

01 パソコンデータ管理の基礎知識

Personal Computer

パソコンには、膨大なデータが保存されている

　私たちの生活において、今やパソコンは欠かせない。特に仕事では、様々なシーンでパソコンが使用されていることだろう。例えば企業数字や顧客・社員情報管理、クライアント情報を調べるのも、ホームページを見るのが当然になっている。さらには提案書や資料などもパソコンで作成され、1日でパソコンに触れない日はほとんどない。それだけ、パソコンに保存されているデータは膨大なのである。最適なデータ活用を行うためにも、データの整理・管理は非常に大切なのだ。

▶▶ パソコンのデータ管理は、紙のファイリングと同じ

　パソコンの「フォルダ」機能。例えば紙の契約書を保存するとき、多くはファイルなどに分かりやすく分類しておくだろう。パソコンのフォルダも、これと同じ。紙のファイリングと同じ発想で、分かりやすいフォルダ分けをすることが大切なのだ。

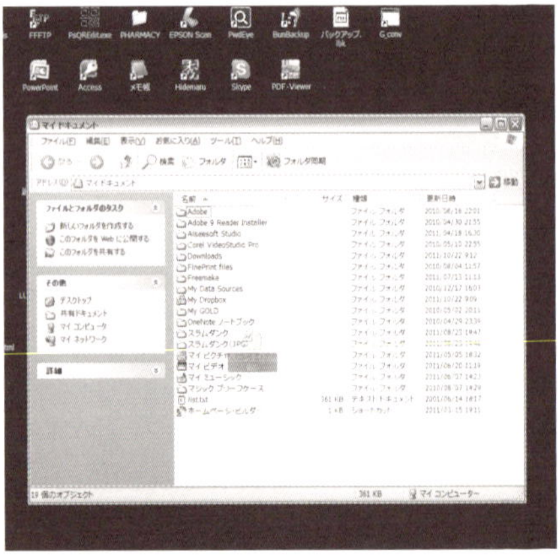

▶▶ データに埋もれる危険性

欲しいデータが見つからない

パソコンには、大量のデータが保管されている。適当に「とりあえず」保存してしまうと、後からその在処を見つけるのは至難の業だろう。

重要なデータが分からなくなる

パソコンには、日々新しいデータが入ってくる。メールなどは、その最たるものだろう。そのため、整理しておかないと重要なデータを見落としかねない。

知らないうちにデータが消える

パソコンのデータ保存容量には、限界がある。日々増えるデータの中では、不要データの削除も必要だろう。そんなとき、誤って大切なデータを削除してしまった……ということも、整理されていなければありえる惨事なのだ。

処理が追いつかなくなる

膨大なデータに埋もれると、頭の中も混乱する。作業の優先順位がつけられず、処理がタイムスケジュールに追いつかなくなるのである。

▶▶ パソコン整理は業務効率化の前提条件

日々の業務で多用するパソコン。よく考えてみれば、1日の大半をパソコンに向かって過ごしているという人も多いだろう。仕事を取り巻く情報の管理・処理・作成は、今やほとんどがパソコンで行われている。いかに早く、的確に情報を探し出して処理できるか。業務効率を上げるには、こうしたことが重要なのだ。そのために、パソコン整理を行うのである。

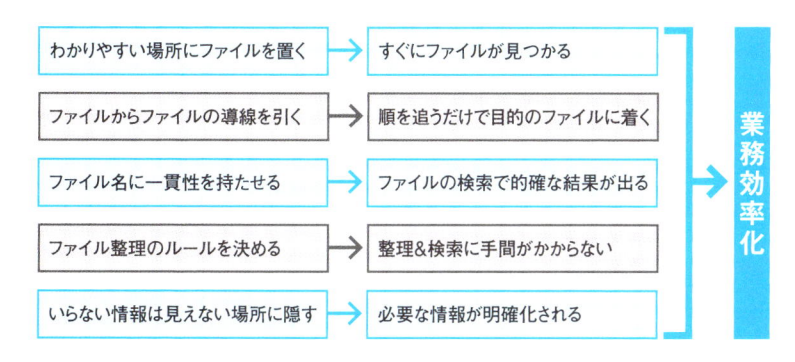

わかりやすい場所にファイルを置く →	すぐにファイルが見つかる	→ 業務効率化
ファイルからファイルの導線を引く →	順を追うだけで目的のファイルに着く	
ファイル名に一貫性を持たせる →	ファイルの検索で的確な結果が出る	
ファイル整理のルールを決める →	整理&検索に手間がかからない	
いらない情報は見えない場所に隠す →	必要な情報が明確化される	

パソコンの整理術

02 Personal Computer

ファイル管理で
「探す手間」を省こう

「フォルダ分け」でファイルを整理

パソコンで「探す」時間はもったいない

パソコンはその機能性によって、1つひとつの作業もスピード化されている。しかし多くの作業をパソコンで行うことで、扱うデータ量はどんどん膨大になっている。そのため、作業のたびに必要データを「探している」人は多いことだろう。しかし、せっかく作業スピードが向上しているのに、探す手間が増えては意味がない。そこでデータをすぐに見つけられるように、整理しておく必要があるのだ。パソコンでのデータ保存には、フォルダ機能がある。フォルダを上手に使ってファイリングすることで探す手間を省き、さらに業務スピードを向上させることができるだろう。

▶▶ フォルダの名前は分かりやすく

フォルダの中身を見分ける情報は、「フォルダ名」だけ。そのためフォルダには、見ただけで中身が分かるような名前を付けておくことが大切である。

POINT

**フォルダの中に
フォルダを作る**

フォルダ内のデータが多くなれば、その中へ更にフォルダを作る。例えば「参考資料」「作成物」「議事録」といった種類毎のフォルダを作れば、1フォルダ内のデータ量は見やすい量で収まるのだ。必要なデータが、見つけやすくなるだろう。

▶▶ファイル名の付け方

●日付を入れて時系列管理

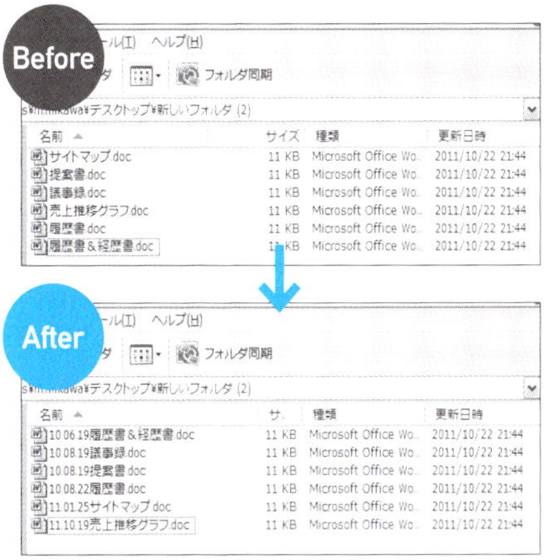

ファイル名の前に作成した日時を入れておく。

データを日付で管理することを「時系列管理」という。ファイル名の最初に日付を入れておけば、ファイル名で並べ替えたときに新しい（古い）ファイル順に並んでくれる。作成時期を覚えていれば、ファイル名を忘れてしまってもデータを探し出せる。

●更新データは同じ名前

同じファイルの更新データを別に保存する場合は、ファイル名の後ろに更新日時を入れておく。

同じフォルダ内に、同じファイル名のものは保存できない。もともと同じファイルで、更新データを別に保存する際には、番号や日付を付けておくといい。日付はファイル名の最後に付けておくと、ファイル名で並べ替えたときに、同じ更新データが順番に並んで探しやすいというメリットもある。

パソコンの整理術

03 Personal Computer

インターネット経由のサービスを利用してパソコンの機能を拡張させる

オンラインストレージを活用

ネット環境の整備で実現したクラウド

最近よく耳にする「クラウドサービス」とは、インターネットを利用して提供されるサービスの総称。中でも一般的になっているのが、パソコン内ではなくインターネット上のサーバにデータを保存するオンラインストレージだ。

▶▶ オンラインストレージは何が便利？

オンラインストレージで保存したデータは、インターネット環境があればどこからでもアクセスできる。つまり、会社でも自宅でも、外出先からでも同じデータを使うことができるということ。また、IDとパスワードを教えておけば、他人でもデータにアクセスできるのだ。

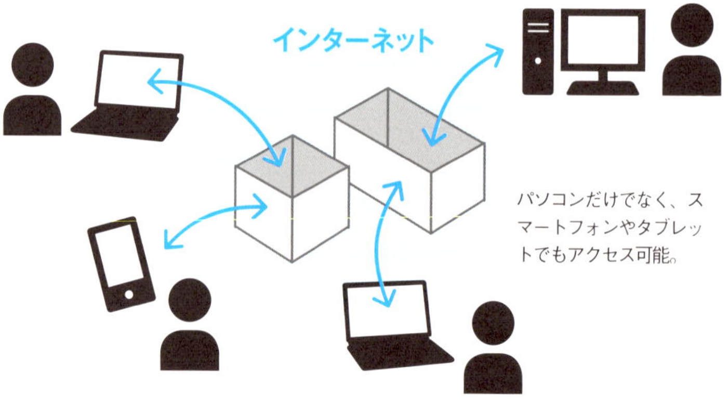

パソコンだけでなく、スマートフォンやタブレットでもアクセス可能。

操作が単純で初心者向き
Dropbox

Dropboxのフォルダに共有したいファイルを入れると、それがネット上に保存されるという仕組み。単純なので、迷うことなくシンプルに使うことができる。

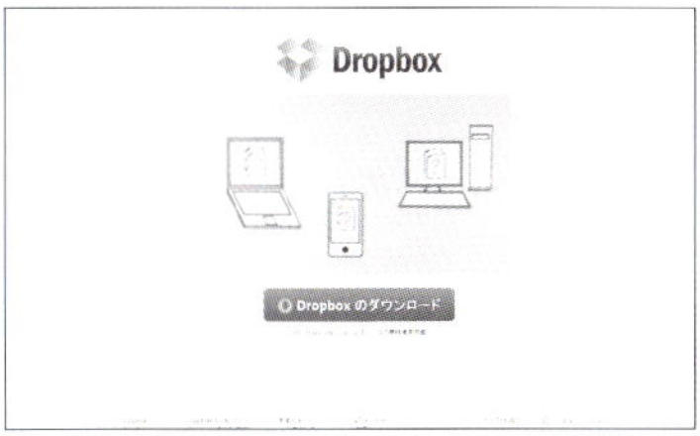

https://www.dropbox.com/

細かい設定ができてビジネス向き
SugarSync

共有したいフォルダを細かく設定できる。共有したいものとそうでないものを区別できるので、ビジネス用とプライベート用として使い分けることができる。

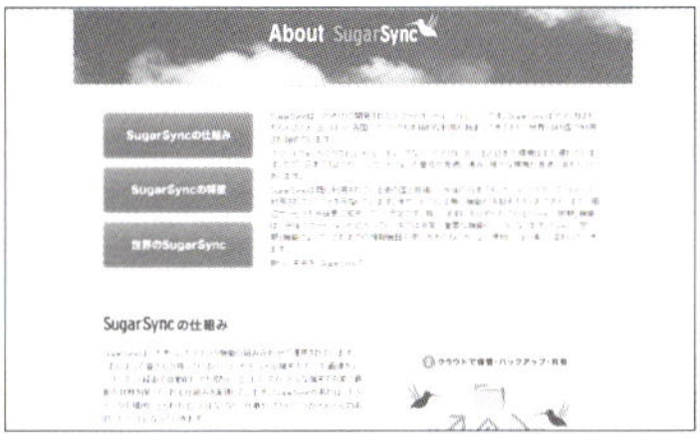

http://www.sugarsync.jp/

画像やホームページのメモ的保存向き
EVERNOTE

他の2つとはちょっと特徴が異なる。いいなと思った画像やホームページなどをメモとして残しておくことができる。また、管理画面やスマホアプリから、直接メモを書き込むことができる。

http://www.evernote.com/

私は
こう使う

捨てるかどうか迷うものはオンラインストレージで保管

原田郁子（27）広報

パソコンのハードディスクの容量も限られているので、捨てるかどうか迷っているデータは、オンラインストレージに上げてしまっています。一時保管ボックスのような役割ですね。取り出して使わないようだったら、折を見て完全に削除するようにしています。

パソコンの整理術

04
Personal Computer

ショートカットを作って
作業を高速化する

「すぐたどり着く」ショートカット戦略

ショートカットの重要性

フォルダやファイルには、「ショートカット」を作ることができる。ショートカットとは、フォルダやファイルの仮想的な入口。見た目は同じだが、ショートカット自体に中身はない。しかしクリックすると、ショートカット先のフォルダが開けるのだ。このショートカットを使うと、例えフォルダの奥深くに保存しているファイルでも、瞬時にその中身を開くことができる。適切なファイル保管と作業効率向上において、ショートカットは非常に重要な機能である。

▶▶ デスクトップにショートカットを作る

頻繁に使用するフォルダやファイルは、ショートカットを作ってデスクトップに配置しておけば、いつでもすぐファイルが開ける。使う頻度が低くなったら削除して、デスクトップを整理しよう。デスクトップを重要ファイルへの玄関口にして、作業効率を上げよう。

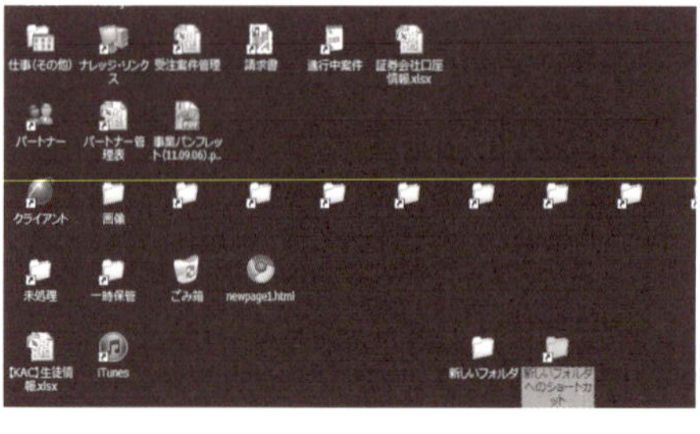

▶▶ショートカット名を見やすくする

ショートカットを作成すると、必ず最初は「○○のショートカット」という名前が表示される。「○○」の部分は元となったフォルダやファイルの名前になるので、場合によっては非常に長くて見づらいものになってしまう。そこでショートカットを作成したら、名前を変更してしまおう。単純に、「のショートカット」の部分を削除するだけでもよい。ショートカットにはアイコンの右下に矢印が表示されるので、元のフォルダやファイルと見間違えることもないだろう。

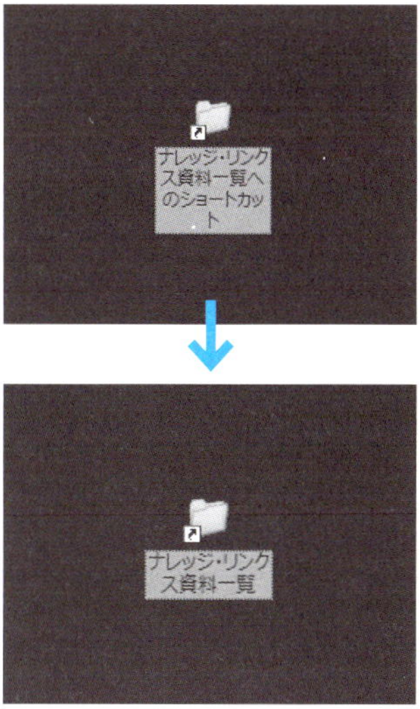

私はこう使う

オンラインストレージもショートカットでアクセスしやすく

田中浩二（32）営業

会社のPCだけでなく、いつも持ち歩いているノートPCや自宅のPCでも作業できるように、進行中の仕事関係のファイルはDropboxのフォルダに保存しています。オンラインストレージのフォルダでもショートカットが作れるので、すぐにアクセスできるようにDropboxフォルダのショートカットを作ってデスクトップにおいてあります。さらに、フォルダ内のファイルもショートカットが作れるので、しょっちゅう開くファイルもショートカットにしてあります。

パソコンの整理術

05
Personal Computer

何かあってからでは遅い！
「もしも」に備える作業

計画的にデータのバックアップをとる

重要だけれど軽視しがちなバックアップ

パソコンに保存されているデータは、ハードディスクが故障してしまうと取り出せなくなる。データを復旧してくれるサービスもあるが、100%元通りになる保証はない。仕事の重要な書類データや連絡先など、なくなっては困るものがたくさんあるはずだ。それに備えるのが「データのバックアップ」。ハードディスク内のファイルを別の場所にも保存しておけば、万が一パソコンが壊れても、バックアップのデータを他のパソコンで使うことも可能なのだ。

▶▶ インターネット関連のバックアップ

メール・アドレス帳のバックアップ

メールソフトにもよるが、受信したメールや登録したアドレス帳のバックアップをとることができる。

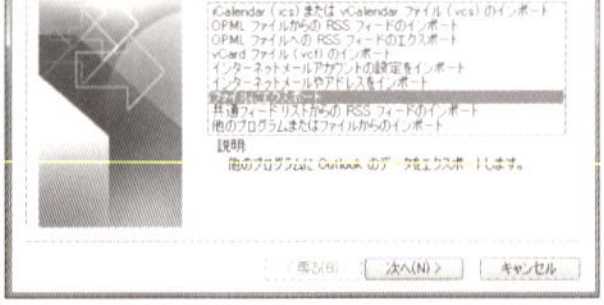

「Microsoft Outlook」では、「ファイルにエクスポート」という項目でバックアップ可能だ。

ブラウザのお気に入りのバックアップ

ブラウザにもよるが、お気に入りのバックアップをとることもできるし、他のブラウザのお気に入りを取り込むこともできる。

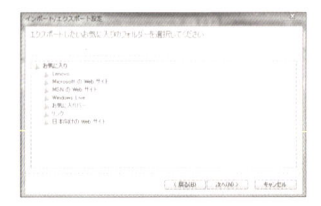

「Internet Explorer」では「ファイル」から「インポートおよびエクスポート」からバックアップをとることができる。

▶▶ ファイル・フォルダのバックアップ

書類ファイルや画像など、パソコンからデータが失われると二度と見ることができなくなってしまうものも、しっかりバックアップをとっておこう。

●一時的なバックアップ

作成途中の書類など、突然消えて困るようなものは、パソコン内のハードディスクだけでなく、オンラインストレージ上などにあげおくといいだろう。必要なくなれば消せばいいので、一時避難的なバックアップといえる。

●保存用のバックアップ

撮りためたデジカメ画像や長く保存しておきたいデータなどは、ディスクが破損しない限り半永久的に保存しておけるCD-ROMやDVD-ROMなどのハードメディアに保存しておくといい。

POINT

どこに(何に)バックアップする?

バックアップデータを保存するのに最適なメディアは、なんだろうか? それぞれの特徴を挙げてみたので、ケースに合わせて選んでみてほしい。

- 外付けハードディスク:容量が大きいので、全データ保存に向いている。ただし、機器の寿命や故障など、リスクは高め。
- USBメモリ:容量は小さめだが、持ち運びには便利。一時的な保存には適している。
- メモリカード類:USBメモリと同様に持ち運びには便利だが、小さいためなくしたりするリスクは高い。
- CD-ROM、DVD-ROM:容量は小さいが(DVDはある程度容量がある)、故障などのリスクは少なく、半永久的に保存するには向いている。価格が安いのもメリット。

▶▶ ハードディスク丸ごとバックアップする

データを選択的に保存するのとは違って、ハードディスクの中身を丸ごとバックアップする方法もある。最近のパソコンのOSでは、このバックアップ機能を備えているものも登場している。対応していないOSでも、バックアップソフトを使えば可能だ。丸ごとバックアップは、データだけでなくパソコンの機能を丸ごと保存するので、細かい設定などもすべて保存・復元できるメリットがある。

Windows

最新のOS、Windows7ではバックアップ機能が搭載されている。バックアップ先といつどんなタイミングでバックアップするのかを設定すれば、自動的に行ってくれる。

Mac

MacOSもX(Leopard)から「Time Machine」という機能が備わった。1時間ごとに自動でバックアップを実行し、保存先の容量が許す限り過去にさかのぼってデータを復旧できる。

パソコンの整理術

06 Personal Computer

パソコンは定期的に
メンテナンスしよう

パソコンの快適環境を維持する

パソコンは「何もしない＝現状維持」ではない

パソコン内の状態は、常に変化している。見た目には変わりない状態で作業しているようでも、ファイルの更新情報や履歴などが蓄積して、ハードディスクの容量は減っていく。空き容量が少なくなると、パソコン全体の処理速度などにも影響を及ぼすことがある。快適な状態を維持するには、定期的なメンテナンスが必要だ。

▶▶ 遅くなったらハードディスクの空き容量を確認

ハードディスクは保存できるデータ容量が決まっている。容量がいっぱいになればそれ以上保存ができないだけでなく、パソコンの処理速度などにも影響を及ぼす。パソコンの動作が少しでも遅いなと感じることがあれば、まずはハードディスクの空き容量を確認しよう。

ハードディスクの空き容量の確認手順

「マイコンピューター」を開く→確認したいドライブ（ハードディスク）の上で右クリック→「プロパティ」を選択。空きが全体の40％以下だったら要注意。

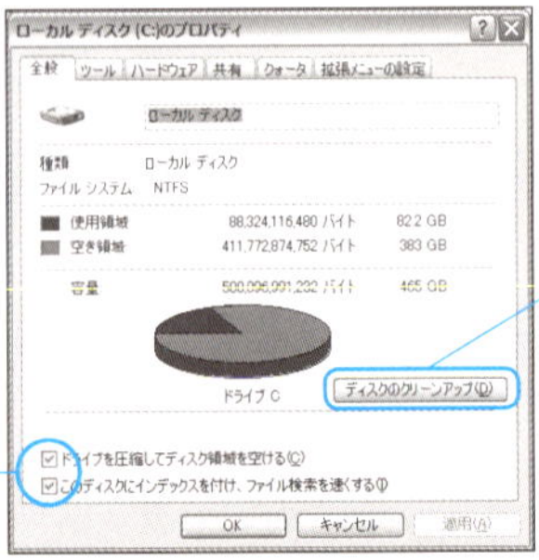

クリックすると、ハードディスク内の削除してもいいデータ（一時ファイルなど）を消してくれる。

チェックを入れて「OK」または「適用」をクリックすると、データを圧縮して空き容量を増やしてくれる。

▶▶ プログラムの削除

パソコンに初めからインストールされていても使わないソフトウェアは意外と多い。これら、ハードディスクを占領するだけの使わないソフトは、思い切って削除してしまおう。手順はコントロールパネルから「プログラムの追加と削除」を選択し、削除するソフトウェアを選ぶだけだ。

▶▶ 「ディスク デフラグ ツール」で実行速度をアップ

「ディスク デフラグ ツール」を使うと、ハードディスクの中のムダな空きを詰めるなどして、プログラムの実行速度を上げることができる。パソコンの状態によっては、長時間かかることもある。Windows7では、パソコン自身が定期的にデフラグを実行してくれている。手順は「スタートメニュー」→「プログラム」→「アクセサリ」→「システムツール」→「ディスク デフラグ ツール」だ。

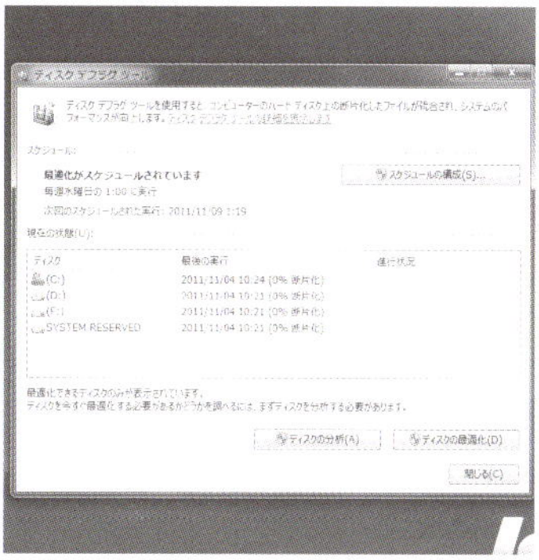

私は
こう使う

メモリの増設で対応

岩見大輝（26）エンジニア

ハードディスクの整理だけではパソコンの処理速度が回復しない場合は、メモリの増設をおすすめしますね。ハードディスクを引き出しにたとえるなら、メモリの大きさは机の広さに当たります。机が広ければ広いほど、同時にいろんな作業が快適にこなせるというわけです。知識のない人は、パソコンショップなどに頼むといいでしょう。

パソコンの整理術

07

Personal Computer

EXCELマスターを目指そう

EXCELを駆使して業務管理しよう

EXCELは業務効率化の切り札

　ビジネスシーンにおいて、WordやEXCELは基本的なソフトとして「使えて当たり前」とされている。しかし、文章作成などをメインとするWordと違って、EXCELは機能も多く、いまいち得意ではないという人は多いのではないだろうか？しかしこのEXCELを使いこなせば、仕事の効率を飛躍的にアップさせられる可能性があるのだ。いわゆる“デキる”ビジネスパーソンの多くは、実はEXCELをしっかり使いこなし、そこから余裕を生み出しているのである。

▶▶ 表やグラフで数字を「見える化」する

　ビジネスシーンでは、実に様々な数字を管理している。しかし数字の羅列を眺めているだけでは、そこに隠されている変化を読み取ったり、予測を立てたりすることは難しいだろう。そんなときは、EXCELを使って図表やグラフを作成し、視覚に訴えることで、理解を深めることができるのだ。

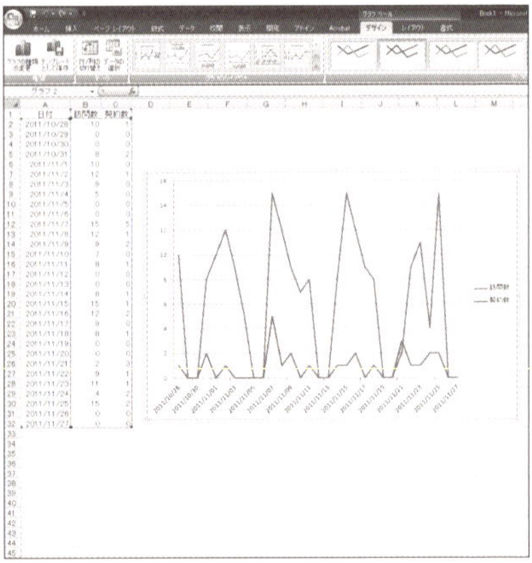

▶▶ EXCELの情報管理事例

●営業状況管理

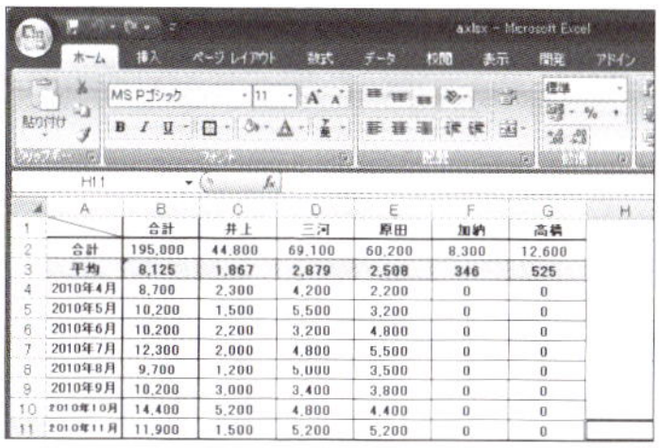

	合計	井上	三河	原田	加納	高橋
合計	195,000	44,800	69,100	60,200	8,300	12,600
平均	8,125	1,867	2,879	2,508	346	525
2010年4月	8,700	2,300	4,200	2,200	0	0
2010年5月	10,200	1,500	5,500	3,200	0	0
2010年6月	10,200	2,200	3,200	4,800	0	0
2010年7月	12,300	2,000	4,800	5,500	0	0
2010年8月	9,700	1,200	5,000	3,500	0	0
2010年9月	10,200	3,000	3,400	3,800	0	0
2010年10月	14,400	5,200	4,800	4,400	0	0
2010年11月	11,900	1,500	5,200	5,200	0	0

Excelで営業プロセスを細かく管理・分析していくと、商談率や成約率など、これまで見えなかった生産性や強み・弱みなどが見えてくる。

●売上データ管理

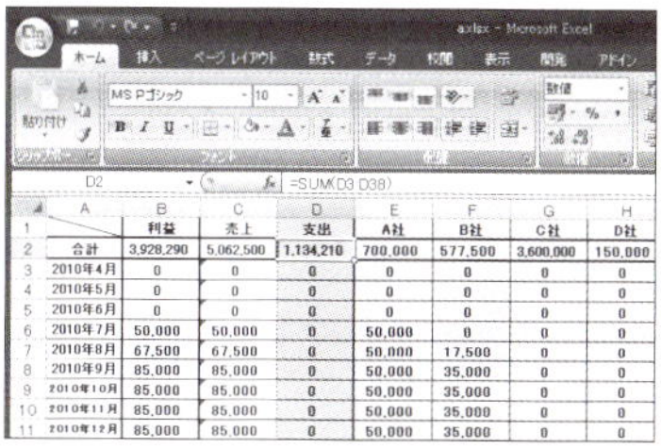

	利益	売上	支出	A社	B社	C社	D社
合計	3,928,290	5,062,500	1,134,210	700,000	577,500	3,600,000	150,000
2010年4月	0	0	0	0	0	0	0
2010年5月	0	0	0	0	0	0	0
2010年6月	0	0	0	0	0	0	0
2010年7月	50,000	50,000	0	50,000	0	0	0
2010年8月	67,500	67,500	0	50,000	17,500	0	0
2010年9月	85,000	85,000	0	50,000	35,000	0	0
2010年10月	85,000	85,000	0	50,000	35,000	0	0
2010年11月	85,000	85,000	0	50,000	35,000	0	0
2010年12月	85,000	85,000	0	50,000	35,000	0	0

売上管理の目的は、まず結果を知ること。目標や昨年実績に対して、現在どうなのか。営業活動は日々行われているため、その結果はリアルタイムで変化していく。EXCELを用いれば、数字の変化を入力するだけでリアルタイムでの現状確認が可能だ。さらにグラフ化すれば、戦略資料を作ることも容易だろう。

▶▶ 関数を使いこなそう

「関数」を使えば、これまで数分・数十分かかっていた計算が、数字を入力するだけで瞬時に算出できる。まさに、業務効率化の強い味方なのだ。

VLOOKUP

特定の列で、指定条件に当てはまるセルのデータを検索・表示できる。
=VLOOKUP（検索するデータ,検索範囲,検索列,FALSE）

SUM／SUMIF

SUMは、指定した範囲内の数値合計を計算できる。さらにSUMIFでは、その中で条件に合致するセルだけの合計を算出する。
=SUM（検索範囲）、=SUMIF（検索範囲,検索条件,合計範囲）

COUNT／COUNTIF

COUNTは、指定した範囲内にいくつのデータが入力されているかの合計を計算できる。さらにCOUNTIFでは、その中で条件に合致するデータ数だけを計算する。=COUNT（検索範囲）、=COUNTIF（検索範囲,検索条件）

日付関連

関数を入力しておくだけで、自動的に日付を表示してくれるものがある。「=TODAY（）」は当日の日付を表示し、また「=DATEDIF（開始セル,終了セル,"Y"）」では、開始セルと終了セルの間の期間を算出する。さらに「=EDATE（開始セル,月）」を使えば、開始セルから指定期間後の日付が表示できる。

パソコンの整理術

08

Personal Computer

忘れてはいけない情報は
デスクトップで常時チェック

デスクトップのメモ帳活用

意外と知らないメモ帳活用

シンプルにテキストを書き込む機能の「メモ帳」には、非常に便利な使い方がある。それは、メモ帳に書かれた内容をデスクトップに表示させるというものである。「すぐ見たい」「忘れてはいけない」情報を管理するのに、便利な機能なのだ。

▶▶ メモ帳の張り付け方

以下の手順で、デスクトップにメモ帳を貼り付けることができる。

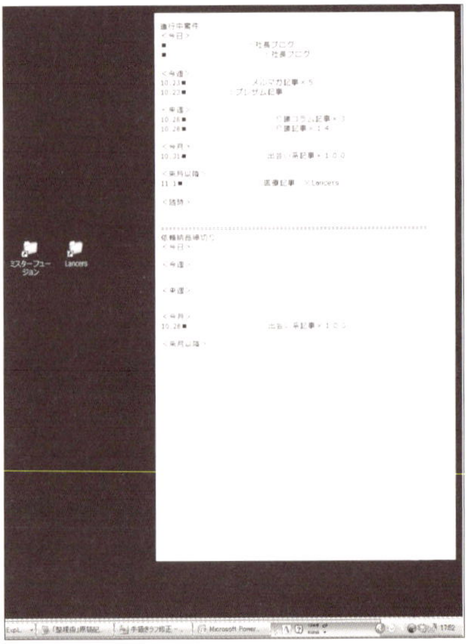

Step 1 メモ帳に、デスクトップで表示させたい文章を書いて保存

Step 2 デスクトップで右クリックし、[プロパティ] をクリック

Step 3 プロパティが開いたら [デスクトップ] タブを表示させ、[デスクトップのカスタマイズ] をクリック

Step 4 デスクトップ項目が開いたら [Web] タブを表示させ、[新規] をクリック

Step 5 作成したメモ帳を選択して、[OK] をクリックすれば完了

▶▶ 一歩進んだ「メモ帳」活用事例

●ToDo管理

締め切りや優先順位順で表示させておけば、毎日パソコンを開くたびにやることが確認できる。終わった作業は削除して、1つひとつ対応していくのがよいだろう。

●社内内線番号

会社で内線を引いている場合、いちいち内線番号表を調べるのはとても面倒。頻繁にかける相手の内線番号を表示させておけば、探す手間が省けて効率的だ。

●自分へのメッセージ

好きな言葉や、自分を熱くするメッセージなど。朝の活力として、あるいは気分が沈んだときなどに読み返すと、やる気を引き出す起爆剤になるだろう。

! POINT

Windows7では「付箋」ソフトが標準搭載

最新バージョンである「Windows7」では、デスクトップ上にメモを貼り付ける「付箋」ソフトが標準で搭載されている。付箋ソフトの利点は、デスクトップ上から直接情報を追加・更新・削除できるという点。また何枚かに分けて貼り付けられるので、内容に応じて分類すると効果的だ。

私はこう使う

本当の「デスクトップ」をペーパーレスに

岩見大輝（26）エンジニア

極力、机の上に紙類を置かないようにしているので、メモもパソコンの「メモ帳」でとっています。紙のメモにすると、どうしてもなくしてしまったり、あとから探す手間がかかったりするので、ファイル名に日付と時間を付けて管理しています。誰かにメモを渡すときも、ファイルを添付してメールすればいいので、とても簡単です。

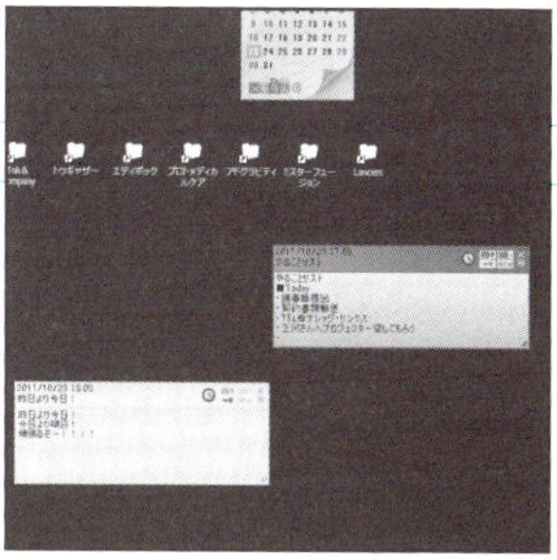

パソコンの整理術

09

Personal Computer

「確認忘れ」を防ぐ
メール管理

メールのフォルダ分け活用

いまやビジネスの連絡の中心はメール

ビジネスの連絡手段の主流が、電話やFAXからメールに移行しつつある。電話だと相手につながらないと再度かけるか、折り返しをお願いすることになる。その点、メールなら都合のよいときに読んで都合のよいときに返信ができる。また、FAXは会社や部署宛になることが多いが、メールなら画像を個人宛に添付して送ることもできる。ビジネスを効率よく進めるには、メールのやり取りをスマートにこなすスキルも求められてくるのだ。

▶▶ フォルダ振り分けをすると、こんなに便利

メールを作成・送受信するメールソフトには、特定の条件を満たしたメールを特定のフォルダに自動的に振り分ける「フォルダ分け」機能がある。DMなど、読まなくてもいいメールもたくさん送られてくる中で、うっかり見落としてしまうことのないように、送信者ごと、特定の件名ごとなど、フォルダに分けられるようにしておくといい。

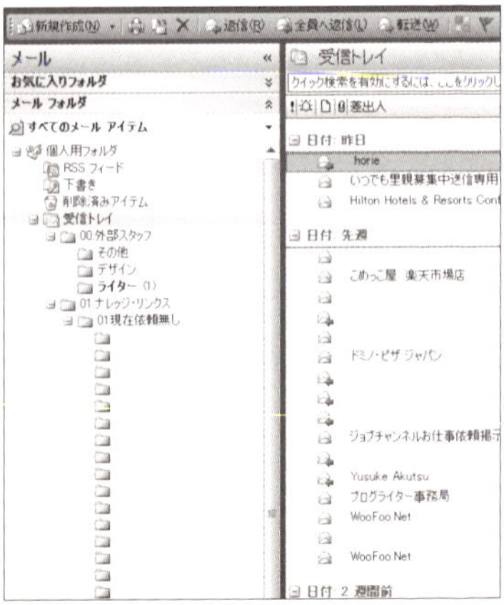

▶▶ フォルダ分け活用例

クライアントごとのフォルダ作成

クライアント別にフォルダを作り、送信者（相手先の担当者）を条件にフォルダ振り分けを設定。A社の人からのメールはA社フォルダへ、B社の人からのメールはB社フォルダへと自動でメールが振り分けられる。これなら、どのクライアントからメールがきたかが一目瞭然だ。

↓

送信者を条件として振り分け設定

プロジェクト専用フォルダ

プロジェクト内のメールは、タイトルに「○○プロジェクト」と付けることをルール化しておく。そのうえで、件名に「○○プロジェクト」とあればフォルダに振り分けられるように設定。多くの人がプロジェクトに参加していても、件名だけでフォルダ分けできるので効率的である。

↓

件名を条件として振り分け設定

▶▶ 読んだメールは「開封済み」にしよう

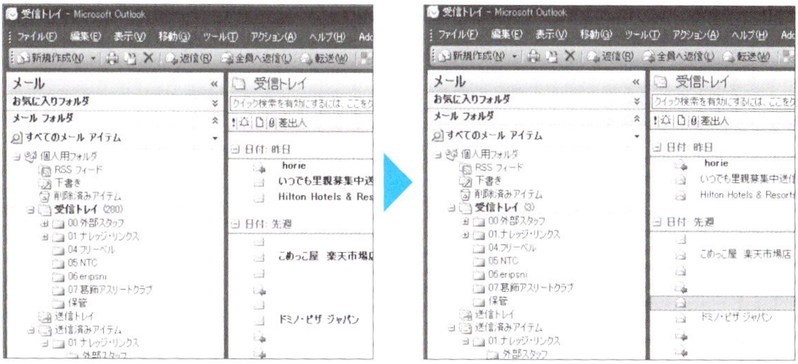

メールの中には、返信不要なメールもあるだろう。重要なメールとそうでないメールが混在すると、ときにはメールの返信を忘れていた……などということにもなりかねない。そこで、対応済みのメールは全て「開封済み」にしてしまうという方法がある。メーラーソフトには、未開封メールの件数がフォルダに表示されるなどの機能がある。「未開封＝未処理」とルール付けすることで、メールの対応漏れを防ぐことができるのだ。

パソコンの整理術

10 Personal Computer

素早い検索で
欲しい情報を手に入れる

インターネット検索の効率化

情報検索に時間を費やさない

たとえばインターネットで「パソコン」と検索すると、検索結果として何万ものサイトが表示されるだろう。しかし、自分にとって本当に必要な情報はその中の一握りに過ぎないため、必要な情報が「どこにあるのか」「どれなのか」探す必要がある。そんなときには、条件を限定して情報を絞り込まなければならない。情報検索に、余計な時間を費やさないためのノウハウを身に付ければ、業務効率が大幅に改善されるだろう。

▶▶ 検索のコツを身に付ければ、効率よく情報を入手できる

検索といえば「文字を入力して…」と決めつけてはいないだろうか？いまや、正体のわからない「画像」を検索することもできるのだ。目的の情報に早く到達するために、検索のコツを覚えておこう。

AND,OR検索

2つの文字列を組み合わせて検索する方法がある。まず「AND検索」は、複数の文字列間に半角スペースを入れて検索すると、文字列それぞれを"全て"含む検索結果を表示できる。また「OR検索」は、文字列それぞれの"いずれか"を含む検索結果を表示する。こちらの検索方法はインターネットブラウザによって異なるが、文字列の間に「OR」あるいは「|」を入れるなどの方法で検索できる。

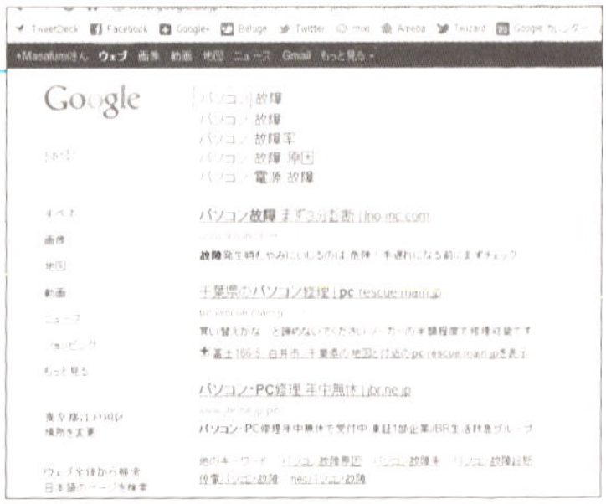

画像検索

GoogleやNAVER、Baiduといった検索エンジンでは、「画像検索」という便利な方法がある。画像を検索するだけでなく“画像から”探すことが可能なのだ。自分のパソコンから画像をアップロードして検索すると、その画像が使用されているWebサイトを調べられる。

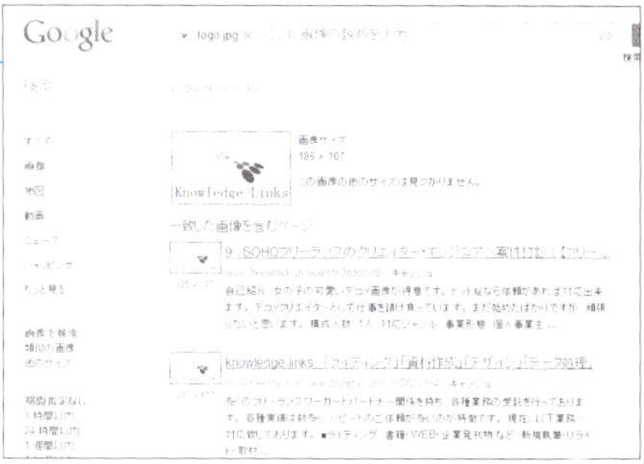

画像をアップロードすれば、その画像が使われているWebサイトを探し出してくれる。不明な画像の詳細を知ることができる。

Google社の提供する、ストリートビュー画像。自分と同じ視点で地図が見られるため、非常に分かり易い。

●地図検索

住所を入力して目的地の地図を検索することができる地図検索は、利用している人も多いだろう。その中でも、Googleの提供する「ストリートビュー」などは、実写の画像を立体的に表示してくれるので便利だ。地図だけでは実際の様子がわからないが、ストリートビューを利用すれば現地の建物の形状や周囲の景色などがわかるので、目的地をいち早く探し出せる。

POINT

ブラウザのタブを活用しよう

Internet Explorerにしても、最近人気のGoogle Cromeにしても、タブ形式でいくつものページを同時に開くことができるようになっている。これを活用して、よく使う検索サイトなどは、いつでもすぐに使えるように開いたままにしておくといい。ブラウザ自体を閉じても、閉じる前に開いていたページを復元できる機能もあるので、上手に活用しよう。

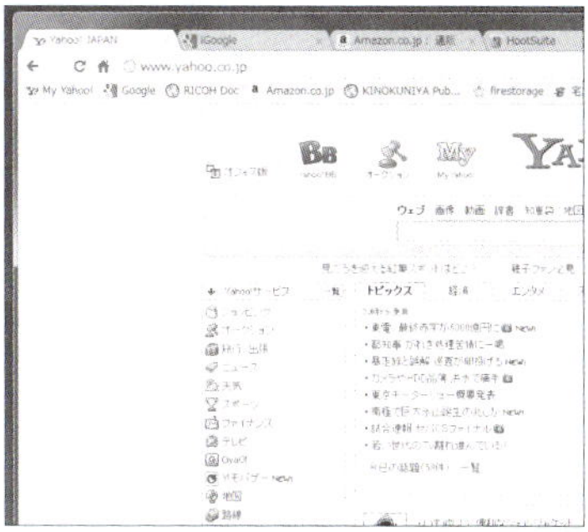

パソコンの整理術

11
Personal Computer

きれいなデスクトップが
仕事効率を上げる

デスクトップ整理術

“デキる”人はデスクトップがきれい

パソコンのデスクトップは、アイコンが所狭しと表示されている人もいれば、ほとんどアイコンを配置していない人もいるだろう。個人差はあっても、いわゆる“デキる”ビジネスパーソンは、後者に当てはまる場合が多い。デスクトップが整理されていることで、「必要なアイコンを探す」手間がなくなる。さらにキレイなデスクトップは、見る側にストレスを与えないのだ。

▶▶ 使用頻度の高いアイコンしか置かない

デスクトップ整理の第一歩は、表示されるアイコンを「使用頻度の高い」ものだけに限定するということ。「いつも何を使っているか」を考えてデスクトップを見渡してみると、ほどんと開くことがないアイコンが置かれていることに気付くだろう。そういったアイコンを、どんどん削除していくわけである。

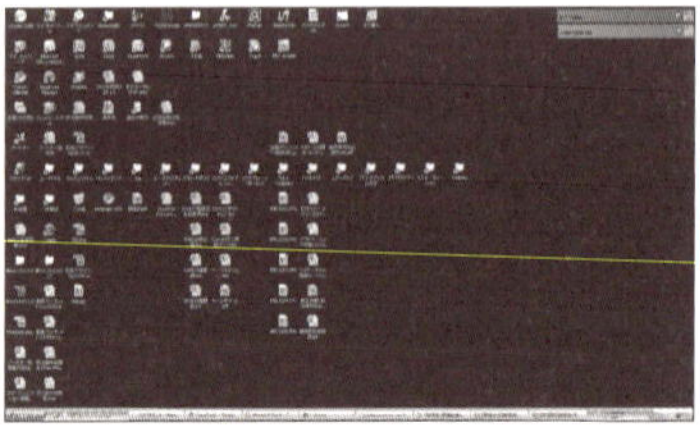

デスクトップにごちゃごちゃとアイコンが散乱している。アイコンを探すのに時間がかかる。

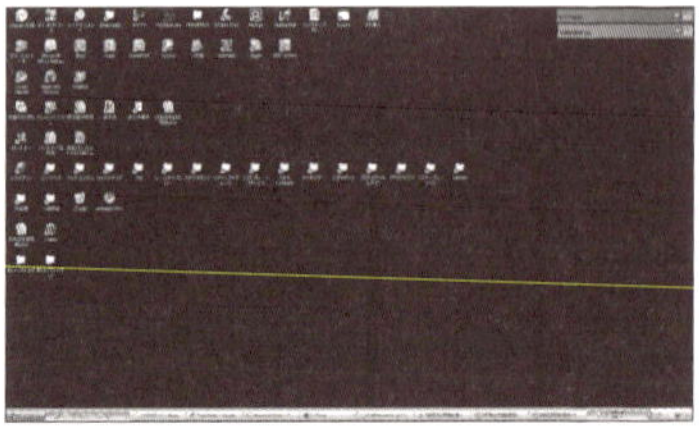

必要なものだけがデスクトップに並んでいる。これならすぐに目的のアイコンが探し出せる。

▶▶ アイコンをまとめて置く

アイコンを整理しようと思っても、抱える仕事の量や種類によっては多くのアイコンが残るだろう。アイコンを少なくするのが目的ではなく、必要なものがすぐに見つかる環境を作ることが重要。アイコンは、属性などによって配置場所をまとめるといいだろう。

属性別にアイコンを整理

ビジネス用ソフト（Word、Execl、Power Pointなど）、インターネット関連（ブラウザ、オンラインストレージ、Skypeなど）、周辺機器関連（プリンタ、スキャナーなど）、ドキュメントフォルダ（書類フォルダ、画像フォルダなど）と、アイコンの種類によって置く場所を決めておけば、迷うことがない。

デスクトップを整理したり解像度を変えたりすると、アイコン間が詰まってしまうで注意。また、新しいファイルをデスクトップに保存すると、自動的に空きスペースへ配置されるので整理が必要になる。

私はこう使う

ランチャーソフトを活用

山下隆司（34）商品企画

よく使うものは、ランチャーソフトを使ってすぐに起動できるようにしています。利用しているのは、Mac風のクールな「RocketDock」というもので、常に一番手前に表示させることができるので便利です。

画面の両サイドにアイコンを配置

最近のパソコンは画面が大きなり、かつての4:3比率のディスプレイから16:9とワイド化したことで、左右方向にゆとりが出ている。そこで、デスクトップの両サイドにアイコンをまとめておくと、中央でファイルを開いていてもアイコンが隠れることがないので便利。

タスクバーにアイコンを表示する

いくつウィンドウを開いても隠れない場所がタスクバーだ。ブラウザやオンラインストレージのフォルダなど、よく使うアイコンをタスクバーに表示させておくと、ウィンドウをたくさん開いて作業をしている場合でも、ワンクリックで目的のファイルを起動させることができる。

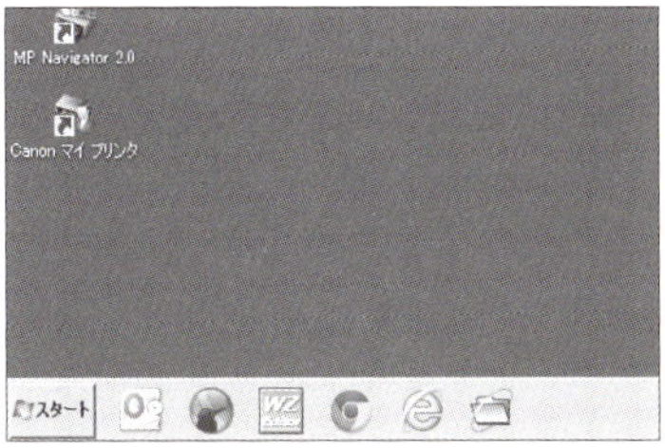

パソコンの整理術

12

Personal Computer

ショートカットキーを使えば
複雑な作業も一瞬で完了

便利なショートカットキー

ショートカットキーとは？

ショートカットキーは、キーの組み合わせで特定の機能が働くもの。キーボードから手を放してマウスを操作しなくてもいいので、かなりの作業効率アップが見込める。簡単なキー操作を覚えておくだけで、パソコン操作に費やす時間を大幅に削減できるだろう。

▶▶ 便利なショートカットキー一覧

Ctrl + C → コピー

Ctrl + X → 切り取り

Ctrl + V → 貼り付け

Ctrl + S → 上書き保存

Ctrl + A → 全て選択

Ctrl + W → 終了（ウィンドウを閉じる）

Ctrl + Z → 1つ前の操作に戻る

Ctrl + B → 選択部分を太文字にする

Ctrl + H → 置換

- Ctrl ＋ F → 検索
- Ctrl ＋ U ／ F6 → ひらがなに変換
- Ctrl ＋ I ／ F7 → カタカナに変換／斜体変換
- Ctrl ＋ O ／ F8 → 半角カタカナに変換
- Ctrl ＋ P ／ F9 → 全角英数に変換／印刷
- Ctrl ＋ T ／ F10 → 半角英数に変換
- Ctrl ＋ N → 新規文書の作成
- Ctrl ＋ F2 → 印刷プレビューの表示
- Windowsキー ＋ R → ファイル名を指定して実行
- Alt ＋ Tab → ウィンドウの切替え
- F1 → ヘルプ
- F5 → デスクトップの更新
- Alt ＋ F4 → 終了（ウィンドウを閉じる）
- Shift ＋ ← or ↑ or → or ↓ → 範囲選択

▶▶ 使用ソフトで、ショートカットキーの機能が変わる

ショートカットキーには、ソフトごとに独自に機能するものもある。一般的なショートカットキーを覚えたら、頻繁に使用するソフトウェアに対応した、個別のショートカットキーも覚えてみよう。

達人活用術 02 パソコンの整理術 Personal Computer

使えるITサービスを活用して合理的な仕事スタイルを確立

誠 Biz.ID編集長 **鷹木創**さん

PROFILE

東京都足立区出身。早稲田大学を卒業後、テレマーケティング会社へ営業職として就職。その後、記者の仕事に興味を持って株式会社インプレスへアルバイト入社。モバイル・インターネット系メディアを手掛け、2006年5月にアイティメディア株式会社へ転職。ITmedia Biz.ID（現：誠 Biz.ID）の立上げに携わり、現在は編集長を務める。

デジタル製品やWebサービスを活用した仕事術を紹介するWebメディア「誠Biz.ID」。その編集長を務める鷹木さんは、自身もITツール・サービスを使いこなす達人だ。しかし、それはあくまで効率的な仕事スタイルを目指してのこと。デジタルには仕事につかえる便利なサービスや機能がたくさんあるから、それを上手に活用しているに過ぎない。鷹木さんに、今すぐ使えるデジタル仕事術と、合理的で効率的な仕事スタイルについてうかがった。

基本的な考え方は、徹底して効率を追求するということ。それには、凝り固まった固定観念を捨て、便利なものをどんどん取り入れていく姿勢が重要だ。

check

達人のココが使える！

① 仕事のスタイルは「できるだけシンプル」に

「ネットがつながれば、どこでも仕事はできる」と話す鷹木さんは、場所を選ばない。外出時にはほとんどパソコンを持ち歩かず、とにかく仕事のスタイルはシンプルに、という考えだ。

② 制約から自由になるためにITを有効に使う

仕事で扱う情報のほとんどを、スマートフォンやタブレットから確認。メールの発信・返信もパソコンを使わずに対応する。わざわざ、重い機器を持ち歩く必要はないのである。

整理術 1 自分も相手も時間に縛られない

電話は、あまり使わない。連絡の中心はメール！

鷹木さんは、電話をできるだけ使用しないようにしている。そのため、連絡はメールがメイン。もちろん大切な要件は電話もするが、急ぎでないことに時間を取られることは、効率的ではないと考えているのだ。しかしメールも、常にチェックしているわけではない。自分が決めたタイミングで、定期的にチェックしているのだ。

鷹木さんが持ち歩いている機器。デジカメ、iPhone、iPad、ワイヤレスキーボード。

▶ メールチェックのタイミング

午前中 **昼** **午後**

決まったタイミングでのみチェック

理由

- 頻繁にチェックすると返信内容を考え込んで仕事が止まってしまう
- 新しいメールが入って集中力が途切れる

↓

自分でタイムスケジュールを決め、効率性を維持

▶ 対応済みのメールは「開封済み」にする

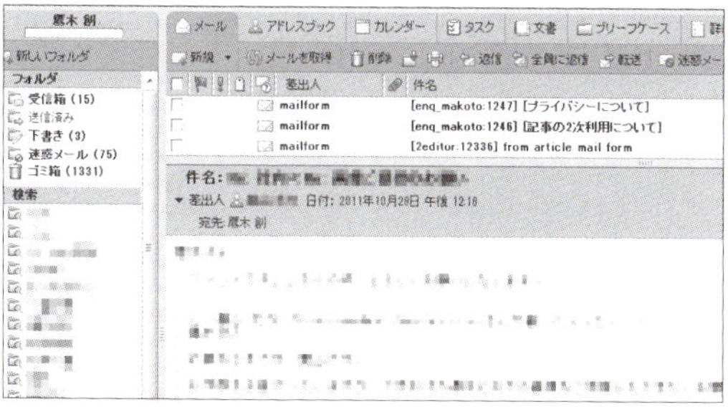

1日のうちに、数百件ものメールを受信するという鷹木さん。しかし受信メールを見てみると、ほとんどが「開封済み」になっている。確認・対応したメールは、すぐに開封済みとしているのだ。未読メールが、未処理タスクの目安になっているわけである。

整理術 2 人の助けを借りることも自己管理のうち

「何でも自分1人でできる」は、大きなまちがい！

ITを駆使して効率的に仕事をこなす鷹木さんだが、実は誰よりも周囲の助けを借りているという。たとえば、締切り間近の仕事があれば、他の社員からそれを指摘してもらうのだという。「人はどうしても、時間のかかる重要な仕事を後回しにしてしまう」ということを自覚しているので、自分自身だけでなく、他人からも管理してもらうのだ。分かっていても、自分ではなかなか自分をコントロールできない。それならば、周囲から無理矢理にでも変えてもらうというのである。

IT機器を活用したからといって、1人で仕事が完結できるわけではない。周囲のサポートがあってこそ、質の高い仕事ができる。

整理術 3 いつでもどこでも同じ環境で仕事に取り組める

ノマドワーキングは“同期”がキモ

オフィスに縛り付けられることなく、遊牧民のように自由に移動しながら仕事をする「ノマドワーキング」というスタイルを実践している鷹木さん。ポイントになるのは、メールや更新したファイル、パソコンの設定などを「同期」して、違うパソコンでも同じ仕事環境で仕事をできるようにしておくことだ。

iPad・iPhoneのメモをGmailと同期

iPadやiPhoneに標準搭載されている、メモ帳アプリは、Gmailのメモ機能と同期することができる。出先で思いついたアイデアや、忘れてはいけない連絡事項などを、外出先からメモ帳アプリで記録すると、社内でもGmailからメモ情報を確認できる。

GoogleChromeなら、外でも社内と同じ環境

GoogleChromeには、ブックマークや拡張機能、設定情報などを、複数のパソコンで同期できる機能がある。この機能を使えば、外出先や自宅で仕事をするときにも、社内と同じブラウザ環境を使える。これは、大きなストレス軽減と業務効率向上になる。

整理術 4 固定観念にとらわれない

合理的に考えてムダを省く

あえてフォルダ分けしない

デジタルで保存するデータは増える一方。それを整理するだけでもそこそこの時間がとられてしまう。そこで鷹木さんは、あえてフォルダ分けを行わないという。「フォルダ分けしても、結局その中から検索して探し出すのだったら意味がない」として、すべてのファイルを１つのフォルダにまとめてしまっているのだ。その一方で、ファイル名などを工夫して検索性を上げておく。最初のひと工夫で、後々の手間を省いているのだ。

Eye-Fiで自動アップロード

仕事柄、よく写真を撮る鷹木さん。撮影点数は多く、パソコンに写真データを移すのもひと苦労だ。そんな作業の簡略化に利用しているのが「Eye-Fi」だ。Wi-Fiが内蔵されたSDHCメモリーカード「Eye-Fi」に写真を保存すると、Eye-Fiがパソコンのネットワーク圏内に入った途端、自動的にパソコンへ写真データをアップロード。もはやカメラとパソコンをつないだり、SDHCカードを取り出す必要すらない。

持っているデジカメがSDHCカードに対応していれば、すぐに使うことができる。問い合わせ：アイファイジャパン株式会社

Dropboxで共有

鷹木さんは、重要ファイルのほとんどをDropboxで他社員と共有し、メールでファイルをやり取りする手間も省いている。保存されたファイルは、半年に一度の棚卸しによって整理。これも、シンプルをモットーとする鷹木さんならではの方法だろう。

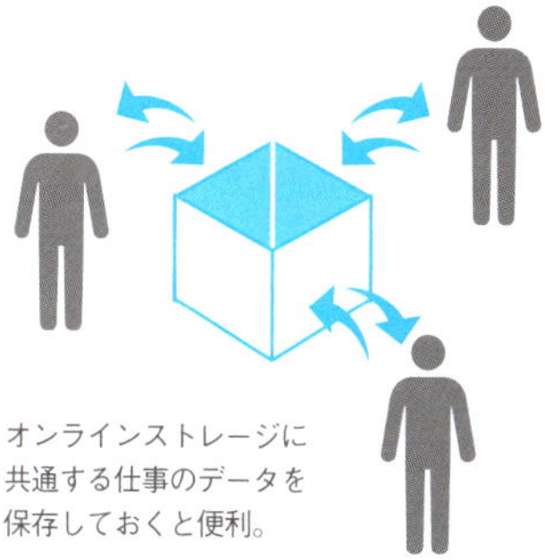

オンラインストレージに共通する仕事のデータを保存しておくと便利。

達人からのアドバイス

一番重要なのは「自分に合った方法を見つける」こと！

雑誌などで紹介される“デキる人の方法”が、必ずしも自分の業務効率を上げるとは限らない。仕事量やスタイルは異なるのだから、自分に合った方法を見つけることがもっとも重要だ。他人の仕事術はあくまで参考と考えよう。

COLUMN 3 ノマドワーキングと席替え

モバイル機器の小型高性能化が進み、さらにWi-Fi（無線LAN）などのインターネット環境が整備されてきたことで、遊牧民のように移動しながら仕事をする「ノマドワーキング」というスタイルが登場してきた。ノマドを実践するには、究極的な整理術が欠かせない。持ち物を絞り込みながらも、いつでもどこでも同じ仕事環境を作り出すノウハウをもっていなくてはならない。できることとできないこと、または必要以上のこだわりを割り切る勇気も必要だ。ノマドワーキングの実践者から整理術の極意をいただくというのもひとつの手だろう。

また、ノマドワーキングとまではいかなくても、一般企業のなかにも「自分の席が毎朝変わる」というところが出てきた。席に滞在する時間も制限されていて、タイムマネージメントの向上を図るとともに、席を変えることでいろんな人とコミュニケーションをとれるようにするのが目的だという。書類などは専用のロッカーにしまっているようで、こちらもきちんと整理をしておかないと、あっという間にスペースが足りなくなってしまうだろう。

これらは極端な例かもしれないが、世の中のあらゆる面で「整理」が求められているのはまちがいない。

3

段取りの整理術

Plan of Work

仕事の効率を上げるためには
しっかりとした段取りが必要だ。
自分のやるべきことをきちんと整理して
確実に遂行していかなくてはならない。
仕事の仕分け方と、効率的な
スケジューリングのノウハウを紹介する。

INTRODUCTION

段取りの整理が必要なワケ

タスクを仕分けて スケジューリングを工夫

やるべきこと=タスクをしっかり把握する

ただ漫然と、目の前の仕事をこなしていては、効率は上がらない。まずは、やるべきこと（タスク）をリストアップ。次に仕事の種類を見極め、同じような仕事をまとめて作業したり、場合によっては人に任せたりしてスケジューリング。さらに、想定外の事態に備えて、スケジュールに余裕をもたせておくことも重要。

▶ CONTENTS

図解 段取りの整理

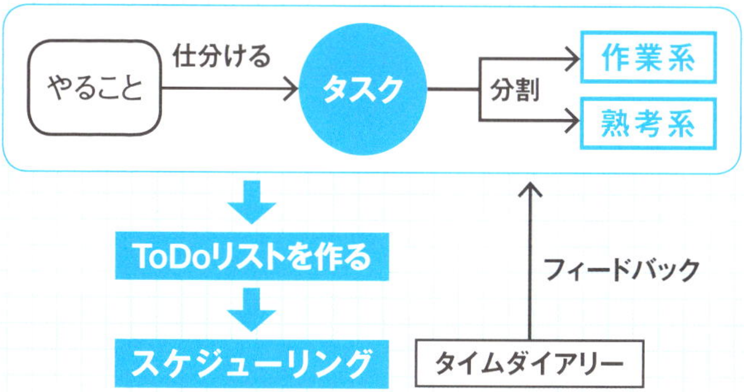

▶▶ 段取りの整理のポイント

point 1 タスクを仕分ける

自分がやるべき仕事内容をきちんと精査して、「タスク」としてリスト化してToDoリストを作ることが、段取りの第一歩。タスクにはさまざまな種類があるので、「いつ、どのように」やるのがベストなのかを考える。

point 2 スケジュールを作る

タスクの種類を見極めたら、スケジュールを組む。1日のスケジュールだけでなく、1週間、1か月と中長期のスケジュールも同時に組んでいけば、効率よく仕事を片付けていけるだろう。

point 3 見返す

実は一番重要なのが、実際にどのように仕事に取り組んだのか見返すことだ。スケジュールに対して、実際の作業が予定通り進んだのか進まなかったのか？　その原因は何か？　これらを検証することで、スケジューリングの精度を上げ、仕事のクオリティをアップさせるのだ。

段取りの整理術

01

Plan of Work

仕事を効率よくこなすために
やるべき仕事を書き出し、仕分けする

タスクを仕分ける

アタマを空っぽにして作業に集中！

メール処理、書類作成、会議など、毎日さまざまなタスク（やるべきこと）が山積みだ。これを効率よく処理するために、まずタスクをリストアップして仕分けよう。「頭の中のものを全部外に出し、作業に集中できる状況を作る」ことが大切なのだ。そして、その各タスクの優先順位や効率的な作業順序などを考え、1日のスケジュールを組み立てよう。この5分、10分が、仕事の効率をグンと上げてくれる。

▶▶ タスクを仕分けるメリットとは？

NG! 思いついた順に作業する

- 苦手な仕事を後回しにして、余計に遅れてしまう
- 作業中に別件が気になって集中できない
- 簡単な作業にも時間をかけてしまう
- 時間のかかる作業をこま切れで行うなど非効率

→ 思ったように仕事がはかどらずストレス蓄積

GOOD! タスクを仕分けて作業する

- 目の前の作業だけに集中できて効率的
- 仕事の流れを考えた作業順で効率化
- 似た性質の仕事をまとめることで作業がはかどる
- ムダな力をかけずにスマートに仕事ができる

→ 集中して仕事ができるから頭がスッキリ

▶▶ タスクの仕分け方

タスクをリストアップしたら、タスクの「ジャンル」と「所要時間」で仕分けをする。「ジャンル」は、「作業系タスク」と「熟考系タスク」の２つに大きく分けられる。「作業系タスク」を徹底的に効率化し、「熟考系タスク」にかける時間を確保するのが賢いやり方だ。また、所要時間が10分以下のものは、アポイントとアポイントの間のすき間時間などを利用して効率よく処理しよう。

●タスクは大きく2つに分けられる

作業系タスク

メールチェック、報告書などの書類作成、経費精算などの帳簿作成など。

ある程度考えずにタスクを実行できるものが多い。その分、同系統の作業は一気に処理することで、効率化をはかりたい。あまった時間は熟考系タスクに振り分けるつもりで。

▼

作業工程を単純化したり、書類やデータ入力のフォーマットを見直すなどして徹底的に効率化を図る。短時間で処理できるものが多いので、すき間時間などを効果的に使う。

熟考系タスク

新商品・新規事業・広報プランなどの企画立案、経営戦略、人事考課など。

創造性が重要であり、じっくりと考える時間が必要なタスク。会社からの評価はこちらが重視される。作業系タスクの時間を短縮し、こちらに比重を移すことが重要。

▼

集中して考えることが必要なため、電話や報・連・相などで中断されにくい時間帯を確保したい。また、継続的に考えたり情報収集する必要があるため、アイデアを貯める仕組みも考える。

●さらにジャンル分けしてみる

似たようなタスク

見積りと経費精算、各所への電話連絡など、似たようなタスクは、まとめて集中的に処理する。

▼

似たようなタスクは頭の使い方や利用するPCのソフトが同じなので、切り替えが必要なく、効率よく処理できる。

人に依頼するタスク

外部に仕事を発注したり、他の部署から資料を取り寄せたりするタスクは、優先的に処理する。

▼

早めに依頼することで、依頼相手の作業時間をなるべく多く確保し、時間の余裕や成果物の品質向上が期待できる。

作業順のあるタスク

企画書のためにリサーチが必要な場合など、作業に順序があるものは効率的な順番を考えて処理する。

▼

タスク１を終わらせないとタスク２に取り掛かれないものなどを洗い出し、順序よく処理することで効率化を図る。

段取りの整理術

02

Plan of Work

大きく複雑なタスクは
取り組みにくく途中で止まりやすい

タスクを分割する

小さなタスクに分解すると片づけやすい

タスクをリストアップして作業順を決めるときに、もう一つ注意しておきたいのがタスクの「大きさ」。例えば、「企画書を作る」というタスクは、1つの成果物（企画書）を作るまでに、「資料収集」「市場分析」「企画の骨子」「企画書作成」など、小さな作業がいくつも必要になってくる。このように大きく複雑なタスクは、なるべく小さな具体的タスクに分割して取り組むと片づけやすくなる。

▶▶ 複雑なタスクは取り組みにくい

複雑なタスク

新商品の
企画書を作る

→

タスクを分割して
具体的で終わりが
見えるようにする

小さな具体的タスク

既存製品のマトリックス分析	アンケート調査
市場分析	企画会議開催
新商品企画骨子	企画書作成

めんどくさいから
後で考えよう……

コレが
終わったから
次はアレ

▶▶ 分割したタスクの処理順にも配慮しよう

大きなタスクを分割した場合、各タスクに関連性があることが多い。そのため、全体を効率よく処理するには、各タスクを処理する順番を考える必要がある。外部に依頼する案件や連絡は、初期に処理することで全体の所要時間を短縮でき、納得できる成果も得やすくなる。

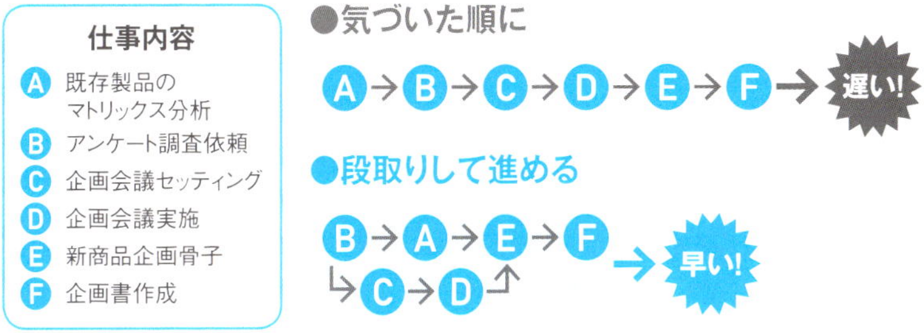

▶▶ 抽象的な目標は段階ごとに細かくタスク化

タスクを小さく分割しておけば、作業がどの段階まで進んでいるのか把握しやすく、時間調整や経過報告にも役立てられる。これは、個人的目標などにも効果的だ。目標は抽象的になりがちだが、段階的に具体的タスクに落とし込むことで、確実に前に進むことができる。

[目標：仕事で英語を使えるようになる]

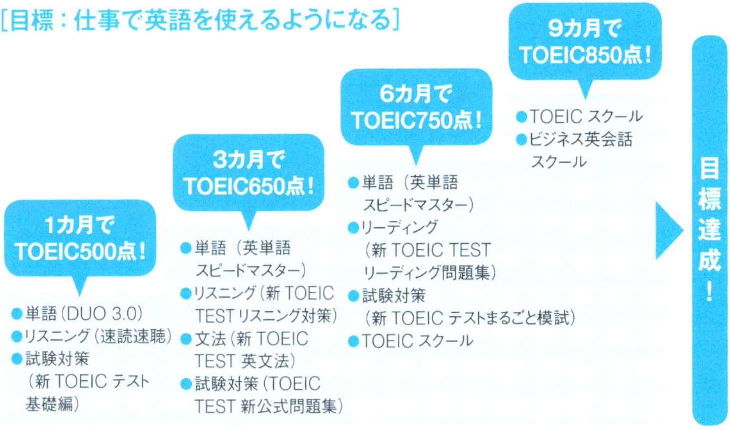

段取りの整理術

03

Plan of Work

ToDoリストを作って
頭の中をスッキリ整理

ToDoリストを作る①

今日やるべき事はToDoリストでチェック

タスク（やるべき事）をリストアップして仕分けたら、「ToDoリスト」に落とし込もう。やるべき事がすべて書き出されているので、頭の中が整理され、余計なことを考えずに目の前の仕事に集中しやすい。まずは、前日退社する前か出社してすぐに1日分のToDoリストを作ることからスタート。ここに入り切らなかったものは、週間・月間・年間のToDoリストを作っておき、見直すタイミングなども決めておこう。

►► 思いついたままのToDoリストはNG！

思いつくままタスクを並べた1日のToDoリスト

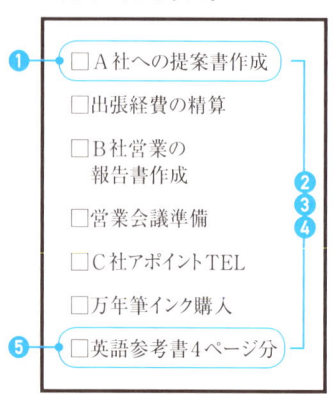

- ❶ □A社への提案書作成
- □出張経費の精算
- □B社営業の報告書作成
- □営業会議準備
- □C社アポイントTEL
- □万年筆インク購入
- ❺ □英語参考書4ページ分

❷❸❹

ここがNG!

❶ 具体的でない
前項で触れたように、すぐに取り掛かれる小さな具体的なタスクに落とし込む。

❷ 大きさがバラバラ
何日もかかる大きなタスクをそのまま記しても、どこまで進んだかわからず非効率。

❸ 優先順位がわからない
優先順位を決めておかないと、心理的に取り組みやすいタスクを優先してしまう。

❹ 締め切りがわからない
締め切りのあるものは、「うっかり」をなくすため、その時間も記入しておく。

❺ 仕事とプライベートが混然
プライベートな目標を具体的タスクに落し込むのはいいが、別枠で管理する。

▶▶ 基本的なToDoリスト作りのポイント

1日のToDoリスト

5月25日

□C社アポイントTEL	5分	
□B社営業の報告書作成	30分	～12：00
□A社への提案書作成		～15：00
□過去提案書データ取り寄せ	10分	
□A社要求事項確認	15分	
□提案書作成	1時間	
□課長提出		
□修正	30分	
□出張経費の精算	20分	～17：00
□6/10営業会議準備（その1）		
□6/10会議室キープ	5分	
□会議日程確認メール	10分	
□製品別データまとめ	1時間	
□売上データグラフ化	15分	
□在庫データグラフ化	15分	
□D社用企画資料ネット検索	15分	
□D社企画アイデア出し（10本）		
□名刺依頼	10分	

1 優先度の高いものから順に記す

優先度、緊急度の高いものを上から順に並べておく。余計なことを考えず、上から順番に処理すればいい状態にしておく。

2 具体的なタスクを書く

抽象的なタスクや大きなタスクは、具体的に何をすればいいのかわかるタスクに落とし込み、すぐに取り掛かれるようにする。

3 1日で終わるタスクに分割

何日もかかるような大きなタスクは、小さく分割。1日のToDoリストには、その日に終えられるタスクに分解して記入する。

4 締め切りと所要時間を記入

ToDoリストは、スケジュール管理のうえでも重要。各タスクの所要時間（予測）を決めて取り組むことで、時間管理の訓練にもなる。

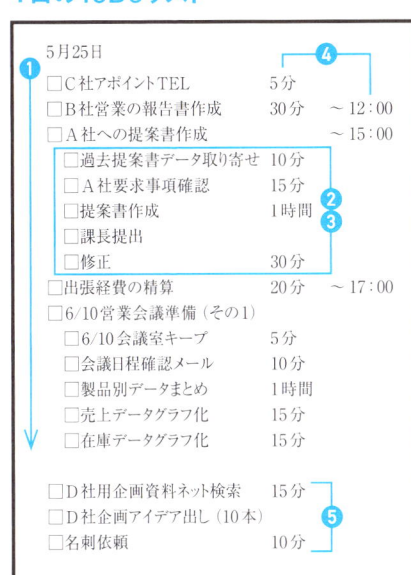

5 すき間時間用のタスクは別枠に

締め切りがまだ先で、すき間時間に処理できるタスクは別枠で管理し、その日に処理できないときは次の日に繰り越していく。

POINT

毎月恒例や年間のToDoは年間カレンダーで管理

毎月、月末や15日などの決まったタイミングで作成する必要のある請求書や申請書などは、年間カレンダーなどにあらかじめToDoとして記入しておく。また、「TOEIC750点」などの大きな目標も、月・週ごとのToDoを記し、毎日のToDoに落とし込んでいけば、モチベーションを維持しやすい。

私はこう使う

1日の最初のタスクは取り組みやすいものから

亀山淳（26）メーカー営業

毎日、仕事が終わって帰宅する前に次の日のToDoリストをメモ帳に書き出しています。最初に取り組みやすいタスクを入れてスムーズに仕事モードに入るなど、自分なりに工夫しています。

段取りの整理術

04
Plan of Work

タスクの優先度を見極めて
スマートに仕事をこなす

ToDoリストを作る②

効果的なToDoリストを作るために

ToDoリストを作り始めてみて悩みがちなのは、「どこまでタスクを分割すればいいか」と、「タスクの処理順」の判断だろう。タスクの分割の目安は、少なくとも「1日で終わる分量」で、できるだけ「2時間以内」まで分割したい。それ以上になると、別案件で中断するケースが増え、どこまで作業が進んだか見えにくくなる。また、優先順位については、優先度グリッドでチェックすると判断しやすくなる。

▶▶ 優先度グリッドでタスクをチェック

優先度グリッド

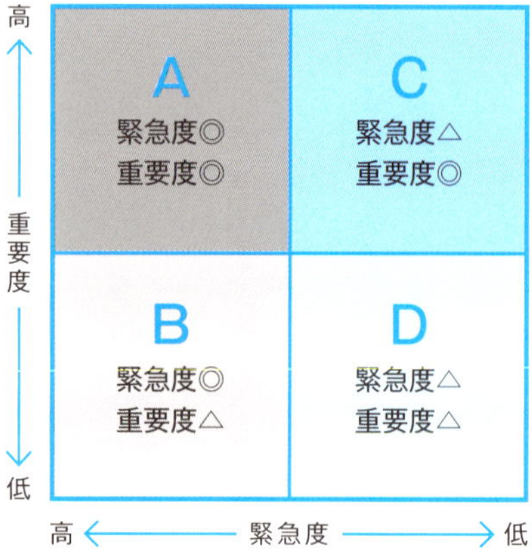

重要度と緊急度で判断

タスクの優先度を考えるときの基準は、「重要度」と「緊急度」。この2つの基準から各タスクを判断すると、取り組む順番を決めやすい。どちらも高いA領域の優先度が最も高く、次がB、C、Dの順序になる。

! POINT

D領域はすき間時間で

重要度も緊急度も低いD領域のタスクは忘れてしまいがち。この領域のタスクは、5～15分で処理できる細かいタスクに分割して、すき間時間用のToDoリストにしておこう。

▶▶ ToDoリストの申し送り

ToDoリストを作っても、急な用件が入るとその日のうちに処理しきれないこともある。そんな時、やり残したタスクは次の日のToDoリストにきちんと「申し送り」する必要がある。

1日のタスク

ずるずる後回しにせず翌日の早いうちに処理

やり残したタスクは、後回しにしているとやる気が減退してしまう。できれば、次の日の最初のタスクとして処理してしまおう。ただ、緊急度も重要度も低いタスクなら、次の日のタスクの中で改めて組み直してもいい。

月曜
- ☑A社アポイントTEL
- ☑B社営業の報告書作成
- ☑C社への提案書作成
- □D社企画アイデア出し（10本）

火曜
- □D社企画アイデア出し（10本）
- □出張経費の精算
- □営業会議準備（その2）
  - □製品別データまとめ
  - □売上データグラフ化

1週間・1カ月のタスク

長いスパンのタスクはチェック日を決めておく

大きなプロジェクトなど、長期間にわたるタスクは1週間・1カ月単位のスケジュール欄に落とし込んでおき、分割して1日のToDoリストに盛り込んで処理していく。長いスパンのタスクは、進捗をチェックして遅れを取り戻すタイミングも決めておきたい。

1週間のタスク

木曜にチェック
▼
未処理のものは金曜日に処理

1カ月のタスク

3週目にチェック
▼
未処理のものは4週目に処理

POINT

緊急度が低く、重要度の高いタスクの取り組み方

優先度グリッドで判別したとき、「緊急度」の高いA、B領域のタスクには注意が向けられるが、緊急度の低いC、D領域のタスクはどうしても後回しになる。特にC領域は重要度が高いため、後回しにしていると痛い目をみる。自分で締め切りを設定して着実に処理しよう。

私はこう使う

グーグルカレンダーで一括管理しています

橋本康介（30）販売

以前は手書きのToDoリストでしたが、最近はリマインダー（お知らせ）機能が便利なグーグルカレンダーを使っています。毎月の定期的なタスクや数カ月先の予定も登録しやすく便利です。

段取りの整理術

05
Plan of Work

ちょっとした工夫で
仕事の時間を圧縮できる!

高効率のスケジューリング術

効率よく仕事を処理して、余裕を持つ

タスクを書き出し、ToDoリストを作ったら、1日のスケジュールを組んでみる。基本的には緊急度・重要度の高いものから順に処理していくことになるが、ちょっと工夫することで、効率よくタスクを処理し、仕事時間を短縮することができる。キーワードは「まとめる・任せる・前倒し」。効率のいいスケジュールを組むことで余裕が生まれ、「時間の使い方がうまいヤツ」と周囲からの評価も高くなるはずだ。

▶▶「まとめる・任せる・前倒し」のメリット

効率化の手法		メリット
まとめる 似たタスクや作業をまとめて処理したり、ついでに行える作業も同時並行で処理することで時間を有効に使う。	→	●同系統の作業をまとめて行うことで、無駄な労力を省くことができる。 ●待ち時間を活用したり、二度手間を一度にすることで、効率よく処理できる。
任せる 「自分でやらなければ」と固執せず、ときには同僚や上司に頼ったり、相手にタスクを預けることも考えてみる。	→	●自分にしかできない仕事に集中することで、チーム全体での効率が上がることも。 ●先に依頼しておくことで、最終的な処理や判断を相手に任せることもできる。
前倒し 連絡や相談、依頼はもちろん、それ以外のタスクも締め切りより先に前倒しで処理することで負担が軽くなる。	→	●早めに連絡・相談・依頼することで、それに関連するタスク処理がスムーズに。 ●締め切り間際のストレスがなく、飛び込みの仕事にも余裕を持って対処できる。

▶▶ 効率UPのためのテクニック

point 1 まとめる

同系統の仕事はまとめて処理

例えば、見積りの作成と経費の精算は、別タスクだが表計算ソフトを使って数字を扱うという意味では同系統の仕事。まとめて処理すれば、頭の切り替えやソフトの立ち上げなど余計な労力を省くことができ、時短につながる。

外出するタスクはまとめて一度に処理

いくつかの取引先を訪問する場合、同じ日にまとめて回れるようにアポを入れると、行って帰ってを何度も繰り返すより時間を節約できる。外出先の書店で資料を探すなど、「ついでに」できることも考えよう。

移動の時間などでも別タスクを処理する

通勤時間はもちろん、他社を訪問する際の移動時間、書類をプリントアウトする間の待ち時間など、ちょっとした空き時間や待ち時間は意外に多い。このすき間時間にも別の小さなタスクを処理するよう心がけよう。

point 2 任せる

チームの効率を考え同僚や上司に任せる

打ち合わせで外出する同僚に、ついでに近くの取引先への届け物をしてもらうなど、他の人に任せたほうが効率のいいタスクは同僚や上司に頼るべき場合も。自分は得意分野でカバーして、チームとしての効率を上げよう。

電話相手が不在なら折り返し電話をもらう

相手と対等な関係の場合、電話をかけた相手が会議中だったり、席を外していたりするときは、席に戻ったときに折り返し電話をもらえるように伝言を残しておこう。こちらから何度もかけ直すより効率的だ。

作業系のタスクはPCやITに任せる

比較的単純な作業系のタスクは、できる限りPCソフトやWebサービスに任せてしまおう。例えば議事録作成などは、メモしたノートをスキャンしてOCRソフトでテキストファイル化するだけでもずいぶん手間が省ける。

point 3 前倒し

出社を90分早めて余裕を確保

出社を90分早めれば、満員電車を避けることができ、簡単なタスクなら処理することも可能だ。また、早朝は電話などで仕事が中断されず、仕事がはかどるため、その後のスケジュールにも余裕が生まれる。

連絡・相談・依頼は前倒しの効果抜群

連絡・相談・依頼には、相手の都合も関わってくるため、早め早めの処理が効果を生みやすい。逆に言えば、ギリギリになっての連絡・相談・依頼はリカバリーしにくいため失敗につながりやすく、相手にとっても迷惑だ。

共同作業なら自分の責任範囲を先に

複数メンバーと担当範囲を分担して共同作業する場合、自分の担当作業を先に終えて提出しておくと有利だ。最終的な判断やタスク処理を作業の遅いメンバーに預けることもできるし、主導権を握ることもできる。

段取りの整理術

06

Plan of Work

予定は詰め込みすぎず
余裕のあるスケジュールを組もう

バッファ・スケジューリングで常に余裕を持つ

スケジュールにはバッファの確保が大切

スケジュールを組むとき予定をギチギチに詰め込んでしまうと、急なトラブルの発生でパニックに陥ってしまう。そんな事態を避けるため、スケジュールにはバッファ（余裕）を確保しておこう。アポイントやタスクの間に空白の時間を設定しておき、会議が長引いたり、作業が遅れた場合のリカバリーに使うのだ。予定通りに作業が進めば、次のタスクを前倒ししたり、すき間時間用のタスクをこなせばいい。

▶▶ バッファを用意する人しない人

○ バッファ・スケジューリング

- 突発事故などにも対処することができる
- 作業の遅れをカバーして期限を守れる
- 気持ちに余裕が生まれ、気分よく仕事ができる

× ギチギチ・スケジューリング

- トラブルが発生すると余裕がなくパニックに
- 自分以外の要因でも締め切りを破ってしまう
- 常に次の予定に追われて圧迫感がある

▶▶ バッファの作り方と生かし方

バッファを持たせたスケジューリング

タスクやアポイントの間に空きの時間を確保して、不意のトラブルにも対応できる態勢に。

スムーズに進行 →

期限を守った仕事

余裕があるため、見込みより時間がかかっても、期限を守ることができる。

→

前倒しでタスク処理

次の予定を前倒ししたり、すき間時間用のタスクを処理してさらに余裕を生む。

突発的に →

トラブル発生！

仕様の変更、納品の遅れなど、予期しない状況に最優先で対処する必要がある。

→

バッファを生かしてトラブル処理

時間の余裕を生かしてトラブル処理。その後の業務にも支障なし。

1日の中でのバッファの作り方

タスクとタスクの間に空き時間を作る

大きめのタスク、他社訪問、会議などと次のタスクの間には、具体的な予定を入れず、空き時間を作っておく。作業で遅れがでたり、会議や打ち合わせが予定より長引いてしまっても、このバッファ時間でリカバリーすれば、次のタスクは予定通り進めることができる。

実際にかかりそうな時間より多めに確保

何かの作業に取り組むとき、処理時間の目標を持って時間内に終わらせる意識は大切だ。しかし、それをスケジュールに組み込むときには、実際にかかりそうな時間よりも多めに確保しておこう。作業中の電話や上司の声かけなどにも余裕を持って対応できる。

1週間の中でのバッファの作り方

外出の多い職種なら週に1日は内勤の日を

取引先回りなど、外出する機会の多い販売・受注・集金などの職種では、デスクワークが後回しになってしまい、処理待ちの書類が山積みになってしまうケースも少なくない。そんな場合はアポイントを調整して、週に1日か半日は内勤に専念できる時間を確保しよう。

私はこう使う

毎週、半日を空白にして遅れを取り戻す

坂上奈緒美（29）マスコミ

毎週、木曜の14時以降は予定を入れないで、空白の時間を確保しています。仕事の状況を振り返り、遅れを取り戻す時間にしたことで、余裕が生まれました。遅れがないときは、長いスパンのタスクに取り組んでいます。

07
Plan of Work

すき間時間の使い方で
1年後には大きな差が生まれる

すき間時間を有効に活用する

すき間時間用のToDoリストを作ろう

紹介してきたように、ToDoを書き出し、仕分けし、適切なスケジュールを組むことで、作業効率はかなり向上する。順調に仕事が進むと、次の予定までの短い空き時間（すき間時間）が生まれるが、短時間で処理できるタスクをリスト化しておき、この時間を使って処理することで業務にかかる時間を圧縮できる。すき間時間に小さなタスクを1つでも終わらせて達成感を味わい、次の仕事への意欲を高めよう。

▶▶ すき間時間も積み重なれば大きな差に！

すき間時間 10分 × **1日の回数 3回** × **年間勤務日数 240日**

5分～15分程度のすき間時間は、毎日のように発生している。

会議や打ち合わせ、他社訪問、昼食の前後、始業前、帰宅前などに発生しやすい。

すき間時間の活用を、コツコツと1年間続けていると考えると……。

→ **1年間で 120時間≒13日**
（1日9時間勤務として）

小さなすき間時間を積み重ねることで、1年間で約2週間分の時間を確保できる計算になる。2週間あれば、企画書を数本作ったり、英語力をみっちり鍛えることもできるだろう。

▶▶ すき間時間の活用アイデア集

5分

机の上やPCのデスクトップを整理

「そのうちやろう」と思いつつ、なかなか実行に移せないもの。タスク化して定期的に行うように。

たまった資料を整理してファイリング

これも「そのうち」と後回しになりがち。積み上げられた資料は探すのに手間がかかり作業効率を下げる。

メールチェック&返信

メールへの返信は、だらだら処理すると意外に時間がかかってしまう。短時間で処理する意識で。

スケジュールを確認し時間の使い方をイメージ

明日の予定、来週の予定などを確認しスムーズな仕事の進め方をイメージしてみる。気づいたことはメモ。

新規企画のためのアイデア出し

新規事業や拡販のプランなど、常に必要とされているアイデアは、ちょっとした時間に考えてメモしていく。

ストレッチなどでリフレッシュ

休憩を取るなら、ぼんやり過ごすだけでなく、ストレッチや目の運動をして積極的にリフレッシュしよう。

10分

語学や資格試験の短時間集中学習

英単語や専門用語などを数多く記憶するには、短時間に集中して覚え、それを繰り返すやり方が効果的。

メルマガやRSSを短時間でチェック

情報収集のためのメルマガやRSS（各種サイトの更新情報）をチェックして取捨選択。読むのは移動時間などで。

領収書の整理や交通費のチェック

領収書や交通費は、ためると処理が煩雑になる。すき間時間でこまめに整理しておけば、提出前に計算するだけでOK！

15分

長期的なタスクを細かく分割して処理

大量の資料に当たる必要がある場合などに、15分で読めるだけ読んでメモしておくなど、分割してコツコツ処理する。

スケジュールやToDoリストを再調整

向こう1カ月のスケジュールやToDoリストを確認。気づいたToDoはリストに入れ、状況に合わせてスケジュールの再調整も行う。

私はこう使う

時間が空いたら資料をPDF化

工藤祥子（25）デザイナー

仕事の資料だけでなく、自分で集めている雑誌の切り抜きって、なかなか捨てられませんよね。私は、ちょっとした時間のあるときに資料類をスキャンしてPDFにしてPCに貯めています。

段取りの整理術

08 Plan of Work

自分に合ったスケジュール帳を
上手に使って時間を管理

手帳活用法①

タイムマネジメントを支える手帳術

受身の姿勢でなんとなく予定をこなしていると効率が上がらず、結局長時間拘束されて、さらにモチベーションが下がる。こういう悪循環を脱するためには、より積極的に「予定をコントロールする」意識をもってタイムマネジメント（時間管理）を行っていこう。そのための最も身近な道具がスケジュール帳だ。業務環境や使いやすさを考えて自分に合った手帳を選び、上手に使いこなして時間管理を行おう。

▶▶ スケジュール帳の選び方

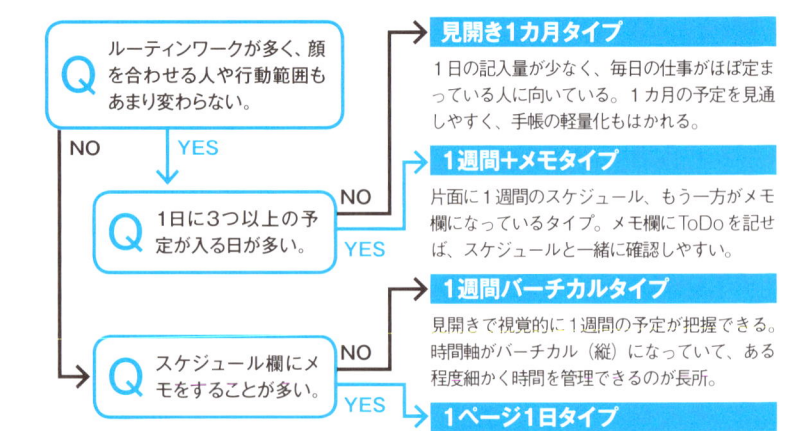

Q ルーティンワークが多く、顔を合わせる人や行動範囲もあまり変わらない。

YES → Q 1日に3つ以上の予定が入る日が多い。

- NO → 見開き1カ月タイプ
- YES → 1週間+メモタイプ

NO → Q スケジュール欄にメモをすることが多い。

- NO → 1週間バーチカルタイプ
- YES → 1ページ1日タイプ

見開き1カ月タイプ

1日の記入量が少なく、毎日の仕事がほぼ定まっている人に向いている。1カ月の予定を見通しやすく、手帳の軽量化もはかれる。

1週間+メモタイプ

片面に1週間のスケジュール、もう一方がメモ欄になっているタイプ。メモ欄にToDoを記せば、スケジュールと一緒に確認しやすい。

1週間バーチカルタイプ

見開きで視覚的に1週間の予定が把握できる。時間軸がバーチカル（縦）になっていて、ある程度細かく時間を管理できるのが長所。

1ページ1日タイプ

細かく時間を管理でき、ToDoも数多く書き込める。綴じタイプでは分厚くなる。

▶▶ 1週間バーチカルタイプの記入の仕方

タイムマネジメントを行い効率よく仕事を進めるには、時間配分を細かく記入できる「1週間バーチカルタイプ」がおすすめだ。1週間バーチカルタイプを使う場合の記入の仕方のポイントを紹介する。

1 開始から終了まで矢印を入れる

他社を訪問する場合などは約束した用件にかかる時間だけでなく、外出の準備から帰社までの時間を矢印で記す。バッファも入れておく。

2 動かせない案件は枠で囲っておく

会議やアポイントなど、自分の都合で動かせない確定した案件は、枠で囲っておく。外出なのか、社内なのかなどで色分けしてもよい。

3 締め切りの予定は色で目立たせる

書類の提出、期日のある報告などは、他の予定やタスクにうもれないように、ペンの色を変えたり、マーカーで色をつけて目立たせる。

4 大まかなタスクは欄外に記入

業務内容のほとんどがルーティンワークで細かなToDoリストを別紙に作る必要がない場合、スケジュール欄の余白（下段が空いている場合が多い）にToDoリストを作っておくと便利。

5 記号や略号を使って見やすさを追求

手帳に多くの文字を記入すると、ごちゃごちゃして見づらくなる。決まったタスクの種類、頻出する会社名・人名・プロジェクト名などは、記号や略号で記すと手帳が見やすくなるうえに、記入の手間も減って一石二鳥だ。

段取りの整理術

09

Plan of Work

仕事の効率を上げてくれる
自分に合った手帳術を見つける

手帳活用法②

手帳を使いこなして“できる人”に！

手帳は最も身近で、最も重要とも言えるビジネスツールだ。①スケジュール管理、②タスク管理、③目標管理、④メモなどの機能をまとめることができ、自分専用の秘書のような存在でもある。それだけに、手帳をいかに使いこなすかで仕事の効率や達成度、そして人生の充実度が違ってくる。何のために手帳を使い、何を実現したいのか？　そうした目的意識を持ちながら、より自分に合った使い方を見つけよう。

▶▶ 自分にアポを入れて重要タスクを着実に処理

人はどうしても優先度の高いタスクを優先して行い、重要であっても緊急度の低いものは後回しにしてしまいがちだ（P.93参照）。しかし、長い目で見れば、緊急度が低くても重要度の高いタスクや自分を高めるための勉強に取り組むことは重要。そのためには、「会議」などと同様に自分にアポを入れて、スケジュールに組み込んでしまおう。

- 緊急度低・重要度高のタスク
- 自分を高めるための取り組み

▼

**具体的なToDoとして
スケジュールに組み込む**

例）毎週水曜の始業前30分で
成績アップの施策を３案考える

私はこう使う

**企画案作りのため
専用時間を確保**

岸野芳隆（30）IT企画

今年から、社内の新規事業案のコンペに必ず参加することを決めました。日常業務の合い間に少しずつ進めるため、30分の専用時間を週に３回は作るよう、スケジュールに組み込んでいます。

▶▶ 色分けで直観的に情報確認

テクニック

1 優先度別に色分けする

タスクを優先度グリッド（P.92参照）で仕分けして、「緊急かつ重要」「緊急だが重要ではない」「緊急ではないが重要」「緊急でも重要でもない」の４つに分類。ペンやマーカーの色を変えて、ひと目で判断できるようにすると手帳を確認するときに見落としがなく、１日の仕事のペースもつかみやすい。優先度グリッドの分類で判断しにくい場合は、「最優先」と「本日中に処理」だけでも色を変えるといいだろう。

テクニック

2 顧客ごとに色分けする

決まった顧客を回るルート営業などの場合、それぞれの顧客に対して同様のタスクが発生する。これを間違えないため、顧客ごとに色を決めてタスクやスケジュールを記入する。

テクニック

3 仕事とプライベートで色分け

プライベートと仕事のスケジュールを一括して同じ手帳で管理する場合も、色分けすると予定をひと目で把握できて便利だ。見開き１カ月タイプの手帳の場合はさらに効果的。

▶▶ 付箋で手帳を3倍便利に使いこなす

テクニック

1 未確定のアポは付箋で

付箋は、貼ったりはがしたりを自由にできるのが長所。未確定で仮のアポイントは、付箋に書いてスケジュール欄に貼っておくとよい。スケジュール変更になっても貼り直せばいいので便利。確定したら手帳に直接書き込もう。

テクニック

2 ToDoを付箋で管理

ToDoリスト化したタスクは、会議や他社訪問などの確定したアポイント以外の時間で処理しなければならない。ToDo１件につき１枚の付箋を使ってリスト化しておけば、並び順も変えやすいし、処理が終わったらはがせるので便利。

テクニック

3 付箋の色で内容を分別

付箋にも豊富なカラーがそろっているので、上手に使いこなしたい。上項の色分けと同じように、ToDoを優先度別、顧客別などで分けるほか、突発的な緊急のタスク、ToDoではないメモなども別の色を使うと直観的に把握しやすい。

段取りの整理術

10

Plan of Work

携帯電話やPCが
締め切りの番人になってくれる！

リマインダー機能でタスクを確実に実行

締め切りを忘れない便利なツール

手帳でスケジュール管理を行っていても、ToDoが立て込むと「忘れてた！」ということはありがちだ。そうしたミスを防ぐため、締め切りを事前にメールなどで知らせてくれる「リマインダー」というツールがおすすめ。「Googleカレンダー」や「Yahoo!カレンダー」などのWebサービス、「Outlook 2010」などのメールソフトで利用可能な他、スマートフォン用アプリも豊富なので、自分に合ったものを探してみよう。

▶▶ リマインダー機能のメリット

リマインダーとは、「思い出させるもの」。ToDoや予定を登録しておけば、設定した時間にメールやアラームなどのサインで気付かせてくれる。例えば、プレゼンの前日に「A社資料準備」、当日の1時間前に「A社プレゼン」などのメールが送られるので、指示通り動けばスムーズに仕事をこなすことができる。まさに私設秘書のような存在だ。

❶ うっかり失念がなくなる

メールなどで気付かされるので、自分ではうっかり忘れていても大丈夫。1つの予定に複数回の通知を出せる便利なものも。

❷ 携帯でどこでも確認可能

携帯電話へメールを送ったり、スマートフォンのアプリと連動してアラームを出すので外出先でもしっかり確認できる。

❸ 無料のサービスが多い

リマインダー専門のサービスやスマートフォン用アプリで高機能なものは有料のものもあるが、多くは無料で利用できる。

❹ 他の機能との連動も

ToDoの他、カレンダーやメールなどの機能と連動するものも多い。スケジュールとリマインダーを同時に登録できるのは便利。

▶▶ リマインダー機能の使い方

●リマインダー機能が使える 代表的なWebサービスやアプリ

Googleカレンダー

無料登録で利用できるGoogleの複合的なWebサービスの1つ。「スケジュール」に登録したものを指定のPCメールや携帯メール、ポップアップで通知できる。カレンダー上でToDoリストの管理もできるが、リマインダー機能はない。

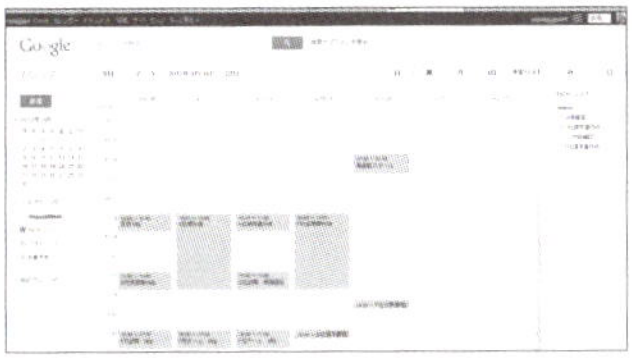

remember the milk

リマインダー機能のあるToDo管理ツール。無料登録で利用できるWebサービスだが有料プランもある。PCメールや携帯メールなどの他、Twitterでもリマインダーを受け取れる。また、iPhoneアプリも用意されているなど、幅広い機能が魅力。

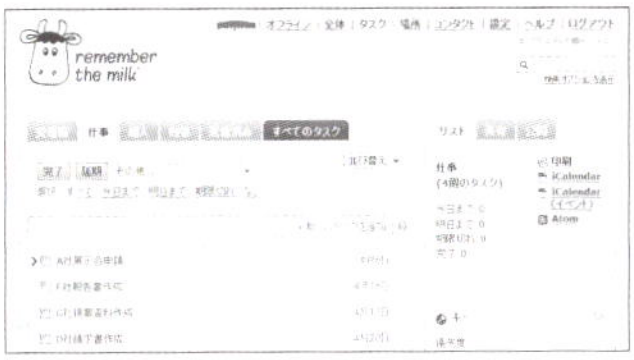

Yahoo! カレンダー

無料登録で利用できるYahoo!の複合的なWebサービスの1つ。最初にリマインダーの設定を行っておくと新しく予定を入れることで、Yahoo!メールや携帯へのメール、Yahoo!メッセンジャーへの通知が可能。予定ごとに個別の設定もできる。

Outlook　2010

Windows PCでよく使われるスケジュール管理もできるメールソフト。専門的なリマインダー機能はないが、メールの配信日時を設定できるので、ToDoを書いたメールを携帯などに送ることで、リマインダーの役割を果すことができる。

●リマインダーの使い方（Googleカレンダーの場合）

Step 1 アカウント登録する

GoogleのTOPページから、自分のメールアドレスなどを入力してアカウントを作成する。

Step 2 予定を登録する

カレンダーの画面で、左上にある「作成」から予定の入力画面に移行。予定のタイトル、時間帯、内容説明などを入力し、予定を登録。

Step 3 リマインダー設定

予定を入力したら、「通知を追加する」をクリック。通知の手段と通知の時間を設定できる。「保存」ボタンをクリックして登録終了。登録したメールアドレスに通知メールが送られる。

Step 4 携帯メールへの通知設定

カレンダー画面で、「マイカレンダー」の右にある▼ボタンをクリックし、「設定」→「カレンダー設定」。「モバイルの設定」を選択し、携帯メールのアドレスを入力し、「確認コードを送信」。携帯に送られた「確認コード」をカレンダー設定画面で入力。

Step 5 携帯メールへの通知登録

Step3と同様に予定の登録画面で「通知を追加する」を選択。通知手段のボックスの右にある▼ボタンをクリックして、「モバイル」を選択。通知の時間を登録すればOK。

段取りの整理術

11

Plan of Work

「段取り力」を身につけていくためには
段取り後の振り返りが大切

タイムダイアリーで結果を検証

段取りの結果について評価・改善が大切

ここまで、「段取り」のノウハウについて紹介してきたが、結果が伴わなければ意味がない。その点では、業務改善手法である「PDCAサイクル」が参考になる。計画（Plan）、実行（Do）だけでなく、その後の、評価（Check）、改善（Act）をきちんと行うことで継続的にスキルアップにつなげるという考え方だ。時間管理の評価・改善を行うには、予定の隣に実績を記録する「タイムダイアリー」をつけてみよう。

▶▶ 予定と結果の検証で段取り力を養おう

最初から全てがうまくいく人はいない。できる人とそうでない人の差は、経験から得る成長度の違いにある。同じ失敗をしても、次からそれをプラスに変えられる人と、苦手意識を持って克服しないままの人では、その差がどんどん広がっていく。時間管理でも、「評価・改善」を繰り返すことで、いつの間にか達人の域に到達できるはずだ。

タイムマネジメント（時間管理）

- タスクの適当な分割
- タスクごとの時間の見積もり
- 効率を上げるスケジューリング　など

⇄

評価・改善

- タスク処理にかかった時間を記録
- なぜ達成できたか／できなかったか検証
- より効率を上げるための方法を実行

↓

これを繰り返すことで「段取り力」アップ！
仕事を効率よくこなせる“できる人”になる！

▶▶ タイムダイアリーのつけ方

時間管理の「評価・改善」を行ってスキルアップを図るため、「タイムダイアリー」をつけよう。予定を立てるときに所要時間の見積りも記入しておき、作業後に実績時間を記入する。これを終業後に見直し、なぜ達成できたか・できなかったかを検証。さらに、効率を上げるための方法を考えて記入。翌日からその方法を実行していく。

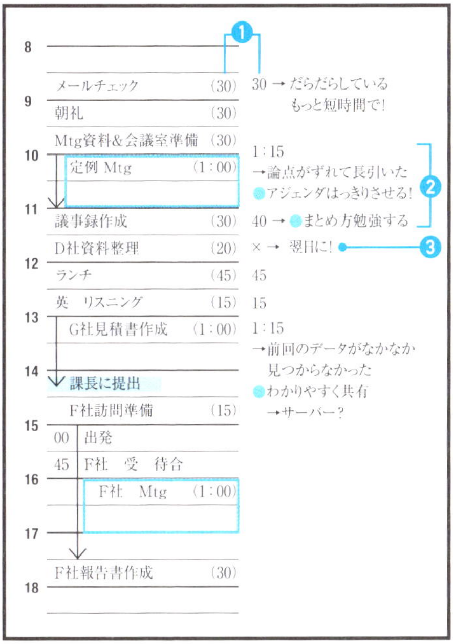

1 見積り時間と実績を記入して比較する

スケジュールを組むとき、各タスクの横に見積り時間も記入しておく。作業が終わったときに見積りの隣に実際にかかった時間を記入。

2 気づいたことと改善案を記入する

実績を記入する際に、気づいたことを記しておく。特に見積りを超えて時間がかかってしまった場合などは、なぜそうなったのかの分析、効率化するための方策を記入。いい方法を思いつかないときも、先輩に相談するなどの具体的アクションを記す。

3 未処理タスクは翌日に繰越し

その日のうちに処理しきれなかったタスクは、基本的には翌日に繰り越して処理する。繰り越しを忘れないような工夫も必要。

定例の作業系タスクの所要時間を割り出す

毎日のメールチェック、議事録や請求書の作成など、定例的に発生する作業系のタスクは、所要時間が見えてくる。これを表にし、毎回その標準時間より短時間で処理するように努力し、処理スピードを上げていこう。

私はこう使う

時間を細かく記入できる手帳ですき間時間を可視化

中谷裕（28）商社営業

毎日残業の生活を変えたいと思い、細かく時間管理できるよう、スケジュール欄が大きな手帳を導入しました。予定と実績を記入してみるとムダなすき間時間の多いことに気づかされました。

段取りの整理術

12

Plan of Work

「もう一人の自分」の客観的なコーチングで目標に近づく

セルフコーチングで段取り力を鍛える

自分自身のコーチングで目標達成へ導く

ここまで、「段取り力」強化のためのさまざまなテクニックや考え方を紹介してきたが、「時間管理」で実質的な成果をあげるには、メンタル・コントロールが非常に重要だ。近年注目されている「コーチング」の手法はこういう場合にも有効。ここでは、「実行する自分」と「コーチする自分」という２人の自分を設定し、目標達成のための行動を自主的に起こさせる「セルフコーチング」手法を紹介しよう。

▶▶ もう一人の自分のアドバイスで目標達成へ

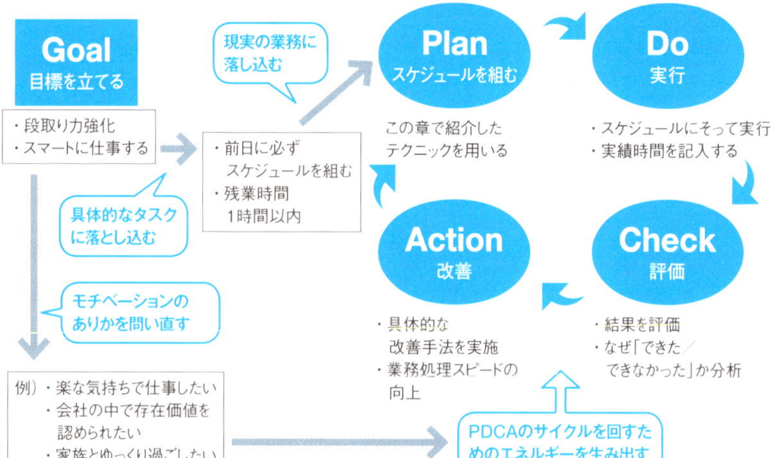

Goal
目標を立てる
・段取り力強化
・スマートに仕事する
具体的なタスクに落とし込む
モチベーションのありかを問い直す
例）・楽な気持ちで仕事したい
・会社の中で存在価値を認められたい
・家族とゆっくり過ごしたい
現実の業務に落し込む
・前日に必ずスケジュールを組む
・残業時間1時間以内
Plan
スケジュールを組む
この章で紹介したテクニックを用いる
Do
実行
・スケジュールにそって実行
・実績時間を記入する
Check
評価
・結果を評価
・なぜ「できた／できなかった」か分析
Action
改善
・具体的な改善手法を実施
・業務処理スピードの向上
PDCAのサイクルを回すためのエネルギーを生み出す

▶▶ 達成度を見える化してモチベーションUP!

スケジュールの結果検証
- 「できなかったこと」を反省 → **改善**
- 「できたこと」をきちんと評価 → **モチベーションアップ!**

point 1 ToDo リストを消す

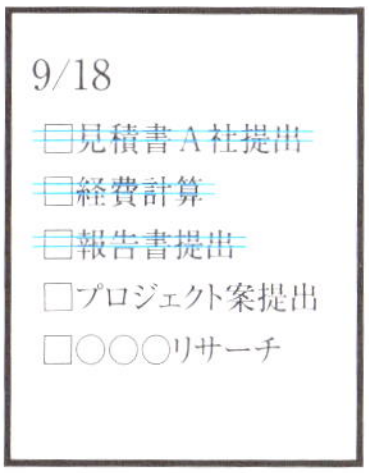

処理が終わったらチェックを入れたり取り消し線で消して「見える化」する。小さな達成感を積み重ねることでモチベーションを維持し、仕事に向かう意欲を高める。

point 2 ポイントシールを貼る

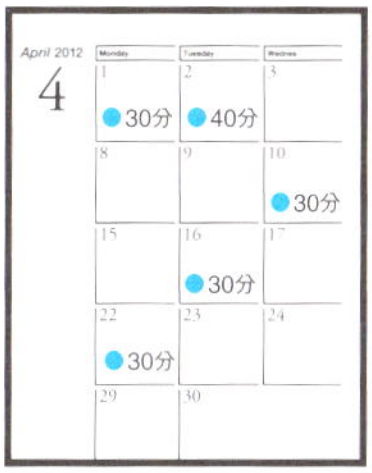

1日のスケジュールを見積りの時間通りに処理できたときや重要なタスクを無事終わらせたときなどには、華やかなシールを貼ったり、花丸を入れて自分をほめるようにしよう。

▶▶ タイムマネジメントで「なりたい自分」になる

　時間に追われる状況から脱するには、「自分の時間をコントロールする」という意識でタイムマネジメントすることが大切だ。作業効率を上げることで作業系タスクにかかる時間を減らし、熟考系タスクにかける時間を増やし、最終的には自分のための時間を増やしていこう。

1 仕事を仕分けて取り組む

2 効率化して作業系を圧縮

3 自分の時間を生み出す

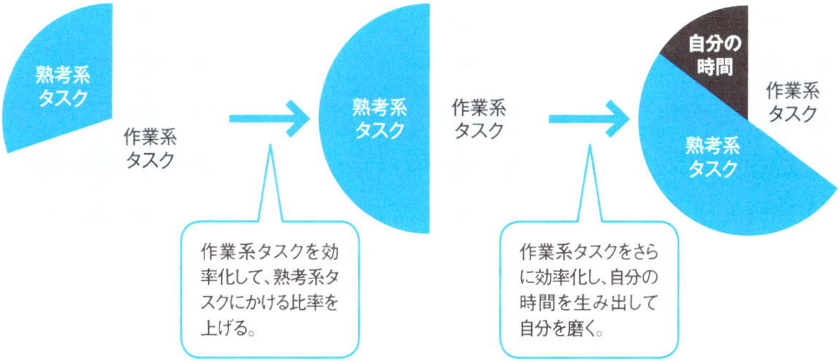

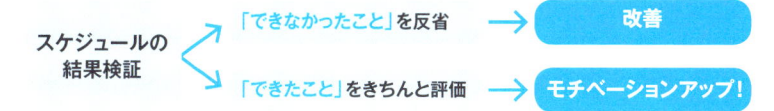

達人活用術 03 段取りの整理術 Plan of Work

「GPDCA」と「1日の棚卸し」で段取り力をレベルアップ!

ハイブリッドコンサルティング代表取締役CEO　吉山勇樹さん

PROFILE

大手通信事業会社勤務の後、教育人材コンサルティング会社の取締役等を歴任し、独立。企業・団体での研修・講演、業務改善・プロジェクトコンサルティングのほか、官公庁からの受託プロジェクト等を手掛ける。『残業ゼロ! 仕事が3倍速くなるダンドリ仕事術』(明日香出版社) など著書多数。

どのような考え方で、どのような取り組みを行えば、「段取り」を良くして業務を効率化できるのか?　さまざまな企業・団体の業務改善コンサルティングを行い、「段取り」に関する著作も多い吉山勇樹さんに、そのコンサルティング内容の基礎的な部分を教えてもらった。

吉山さんによれば、近年は企業が「コスト管理・労務管理」の面からも「段取り」に注目しており、若手だけでなく管理職に向けた段取りの仕方についての研修が増えてきているという。残業の削減、良好なワーク・ライフ・バランスの実現にもつながる、「段取り力」向上のキーワードは、「GPDCA」と「1日の棚卸し」だ。

check

達人のココが使える!

① 1日の業務の「棚卸し」をしてみる

「段取り力」を向上させるには、1日の業務の「棚卸し」が効果的。予定に対する実績を記録して自分の行動を客観的に見る機会を設け、評価・反省することで、時間の使い方をレベルアップさせることができる。

② 「標準時間」を設定してトライ

段取りには、各業務の所要時間を正確に見積もることが必要。そのためには、自分がやったときの「標準時間」を把握しておきたい。そして、タイマーなどを使ってその時間を短縮できるようトライしていこう。

整理術 1 目的から手段へのブレイクダウン

段取りの第一歩は「目的」の設定から

「段取り」を考えるうえで重要なのは、まず「目的＝GOAL」をしっかり定めること。「段取り力」とは、GOALへの道筋の全体像を見据えて、そこに最短経路でたどり着くためのスキルのことだ。「目的」がはっきりしないまま業務に取り組んでも、どうすべきかという指針がないため効率化は図れない。「目的」が決まったら、そこにたどり着くためにどうすればいいかを考えて細分化した「目標」を定め、さらにその目標を達成するために必要な具体的「手段」を考えて実行していく。

目的（GOAL）のために目標（チェックポイント）を設定する

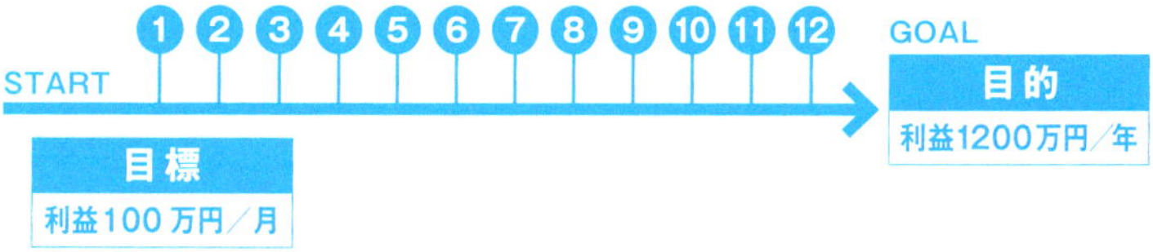

手段（具体的行動）を考え、
段階を踏んで目標にアプローチ
＝フェーズド・アプローチ

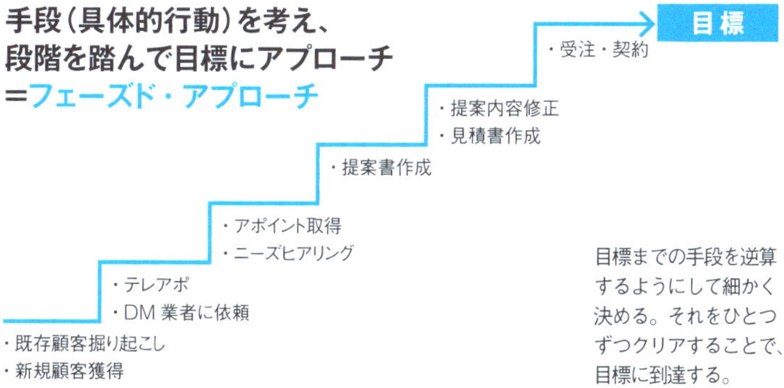

目標までの手段を逆算するようにして細かく決める。それをひとつずつクリアすることで、目標に到達する。

整理術 2 「PDCA」から一歩進んだフレームワーク

「GPDCAサイクル」で段取り力アップ！

業務改善のコンサルティングでよく使われるフレームワークに「PDCAサイクル」があるが、段取りを考えるうえでは、ここに「ゴール設定」を加えた「GPDCAサイクル」がおすすめだ。このフレームワークは、大きなプロジェクトだけでなく、個人の日常業務に当てはめて考えることもできる。なにか上手くいかないと感じることがあったら、GPDCAに当てはめてマクロな視点から改善の方向性を考えてみよう。

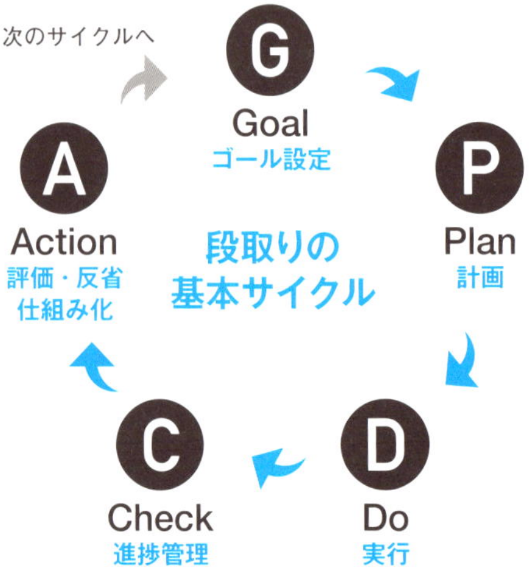

「G（ゴール設定）」の具体的内容

❶ **現状把握、課題の発見・認識**

❷ **ゴール設定の5要素の確認**

- 目的
- 作業範囲
- 評価・検証方法
- 期間
- 資源

❸ **文書化と共通認識作り**

「PDCA」の具体的内容

P ＝計画

作業の洗い出し／優先順位設定／役割分担と人員計画／所要期間の見積り／予算配分／スケジューリングなど

D ＝実行

計画の実行

C ＝進捗管理

計画と実績のギャップ洗い出し／原因追究と是正／解決策立案／計画の見直しと修正など

A ＝評価・反省・仕組み化

当初のゴール設定の評価・検証／今後に向けた改善策の実行・仕組み化など

整理術 3 予定と結果を突き合わせて精度を高める

1日の「棚卸し」で段取り力アップ

段取り力を向上させるために、自分の1日を「棚卸し」してみよう。1日の予定を15分刻みで立てておき、実際にどう行動したかを記録する。そして、その時間の使い方を客観的に見て、できている点、改善すべき点を評価・反省する。こうした取り組みで、時間の見積りや使い方をレベルアップできる。毎日が難しければ週に1日だけ、何週間か実施してみよう。それだけでも効果は現れるはずだ。

▶ハイブリッドコンサルティングで用いている「1日の棚卸しシート」

❶	❷ 月　日(　)【計画】	❸ 月　日(　)【実績】	❹ 【自己】評価点と反省点
9:00			
9:15			
9:30			
9:45			
10:00			

❶ 時間欄

行動を細かく評価するため、15分刻みで記録する。

❷ 計画欄

ふつうのスケジュール帳に記入するように、やるべきことと所要時間を考え合わせて1日の予定を記入する。ただし、業務内容を小さく分割し、15分刻みで。

❸ 実績欄

実際に行ったことを15分刻みで記録する。予定の見積りより余計に時間がかかったり、突発的な業務が発生して予定変更になっても、実績をそのまま記録。

❹ 評価点と反省点欄

計画と実績を比べ、上手くできている点・改善すべき点を記入する。予定通りでも、改善の余地があると感じればそれも記入。今後の計画・実施に生かす。

●「実績欄」と「評価点と反省点欄」の記入例

12:00		昼休み　●ランチ	ランチを早く切り上げたことで、
12:15			時間を有効活用できた。
12:30		●試験勉強(問題集2P)	
12:45			
13:00		A社訪問準備	移動中に資料のチェックなど、
13:15		移動	時間の有効活用ができたのでは?
13:30		A社訪問　●見積書の提出	
13:45		●先方からのニーズ確認	アジェンダをまとめて投げ掛けておいたおかげで、
14:00		●納期確認	スムーズに進行できた。

COLUMN 4 「サボりのススメ」

バブルのころには「24時間働けますか？」と問いかけられていたが、最近は残業代も削られ、いくら長時間働いても給料が増えるわけではなくなってきている（時給仕事の場合を除く）。ビジネスパーソンは、いかに短時間で高い成果を上げるかが求められている。

仕事とプライベートのバランスをとることで、どちらも充実させる「ワークライフバランス」という考え方を政官財が共同で推進している。デキる人は、仕事時間の中でも、このバランスをとっていることが多い。つまり、上手にサボっているのだ。仕事とはまったく関係ないことをすることで、いざ仕事をするときの集中力を上げている。

また、有り余る時間があると能率は上がらないが、時間が限られているとおのずと集中して仕事の効率は上がるということもある。デキる人は、自分で時間を区切ることで能率を上げ、いくつもの仕事を並行してこなすことができているということだ。

長時間ダラダラと仕事をするのではなく、短時間で一気に仕事を片付けてしまう。そのためには「サボる」ことも必要だということだ。

4

情報の整理術

Information

情報があふれる現代において
いかに有効な情報を選択するかが重要だ。
手間やコストをかけずに
本章では「使える情報」を
手にする方法を紹介する。

INTRODUCTION

情報の整理が必要なワケ

情報は効率よく収集し整理する

集めるだけでなく活用してこそ情報は活きる

情報を集めるだけで満足してはいけない。情報が氾濫している今、有用な情報を効率よく集め、それを活用することこそ重要だ。情報の収集法は、ツイッターを使ったり、奥野宣之さんが提唱するように新書を活用したりするといい。また、「ハブ」と呼ばれる良質な情報を選択・発信している人に注目してみるのも効果的。

▶ CONTENTS

図解 情報の整理

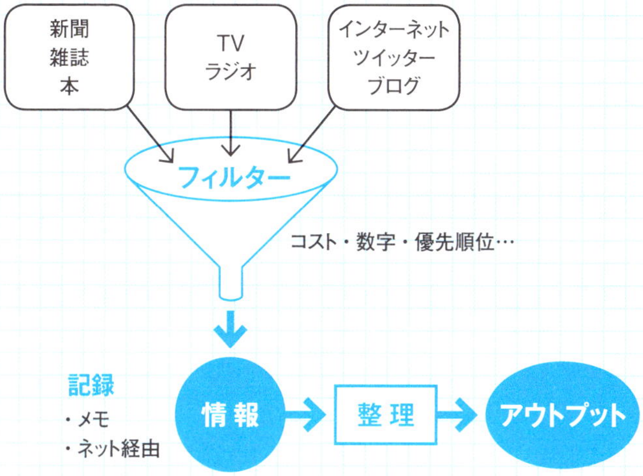

▶▶ 情報の整理のポイント

point 1 優先順位をつけて収集する

情報を集める際には、それを整理する手間や時間のコストを考えること。場合によっては、誰かがまとめてくれた情報を活用するというのもひとつの方法。

point 2 見返して活用する

情報は活用するために集めるもの。そのためには、まずメモした情報を見返すこと。整理の仕方も、自分が後で見返しやすいように行うのが基本。

point 3 後から探しやすいように整理する

メモをとる際に、後で見返しやすいようにインデックスを付ける。日付はもちろん、見出しとなる件名やキーワードなども入れておくといい。

情報の整理術

01
Information

保存するか？　捨てるか？
取捨選択の眼を養う

情報の「質」と「コスト」を理解する

情報を集めることだけに力を注いではダメ！

「いつか必要になるかも……」「これは知っておいたほうがいい」などと、あらゆる情報を溜め込んでいないだろうか？　世の中に流れる情報量が増えたいま、必然的に一人ひとりが接する情報量も増加した。しかし、収集するだけでなく、アウトプットして活かさなくては意味がない。そのために、整理して取り出しやすくしておくべきなのだ。

▶▶ ネット閲覧でありがちな情報収集の“罠”とは？

インターネットを閲覧する際、最近増えているのが、じつは「読んでいるだけ」という状態。ネットを流れる情報には際限がないため、追いかけているうちに、読むことが目的に。結局、気がつけば何も記憶に残っていないという“情報の罠”にはまる人が増えているのだ。

●ネット閲覧中

一見、大量な情報を処理し、積極的に情報を収集・整理できているようだが……。

●ネット閲覧終了

意外に読んだ情報の記憶がおぼろげであったり、「読んでいただけ」だったことに気づく。

▶▶ 情報の質と整理の基本を理解しよう

情報を収集・整理する際は、情報の「質」と「コスト」の見極めが大事。「質」には、ツイッターのように流れていくフロー情報と本や雑誌、ブログのような、溜めておけるストック情報がある。また、それらの情報を入手するために、かかる時間や手間＝コストを意識すること。これだけ情報が増えると、収集・整理するにもコスト意識が必要なのだ。

●情報の質とコストの一覧表

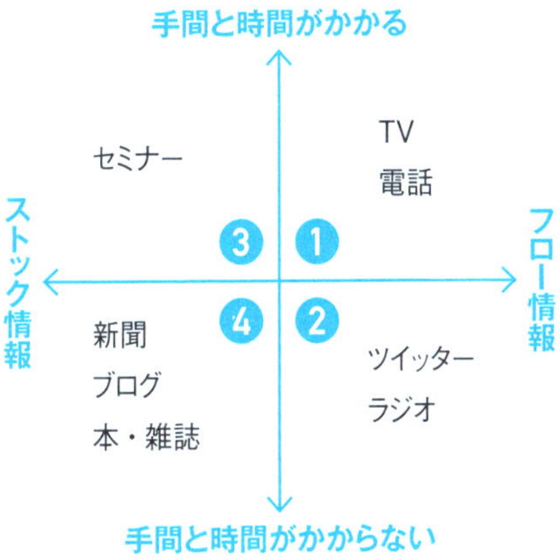

私はこう使う

ウェブ閲覧は1日2時間まで。フロー情報はある程度捨てる

藤田健一（25）通信

ツイッターやブログなど、ウェブの閲覧に夢中になり、気づけば数時間たっていたことも。そこでネット時間を全部で２時間と決め、ツイッターはフロー情報だと見切りをつけ、深追いしないことに。余力はすでに入手した情報を読み説くために使っている。

1 手間・時間がかかり、保存しにくい情報

電話や直接会って聞いた話など。メモしておかないとそのまま忘れてしまい、フローな情報になってしまう。また、相手あってのことなので、時間の自由度は少なくなる。

2 手間・時間がかからないが、流れてしまう情報

代表的なものが「ツイッター」。タイムラインをのぞけばいつでも最新の情報に触れられるが、次々と新しい情報が入るため、数日前の情報も入手しにくくなってしまう。ラジオも同様。

3 手間・時間がかかるが、保存しておける情報

特定の日に特定の場所に行かなければ入手できない、セミナーなどの情報がその例。労力をかけた分、情報を取り入れよう、学ぼうとする意識が高くなり、結果いい情報が得られることも。

4 手間・時間がかからずストックできる情報

新聞や雑誌、書籍など、いわゆる昔からある情報入手先。好きなときに入手でき、読んでからも長期間保存も可能。ネットは基本的にフローな情報が中心だが、ブログは保存性も高い。

情報の整理術

02 Information

大量の情報を収集するより
取り出せることが大事！

情報は「見返す」ことで整理する

情報は見返すことで整理される

とあるデータによると、「平均的なビジネスマンは1日に190の情報が入ってくるが、同時に探しものをするためにだけに年間150時間も浪費している」らしい。多くの情報を入手することは大事なことだが、その整理をおろそかにする人がいる。また、整理は時間がかかる面倒なものだと思いがち……。しかし「整理」をしなければ活かせる情報も活かせないだけでなく、時間ばかりムダにしてしまうのだ。

▶▶ 情報の整理は、週1度の見返し程度でいい

情報の整理といっても大げさに考える必要はなく、その1週間で入手した情報を週末にざっと見直すだけでＯＫ。情報整理の目的は、目に触れる回数を増やして、記憶に定着させること。必要なときに引き出せない情報をなるべく作らないようにしておくことなのだ。

●情報を整理するメリット

情報の整理＝頭の整理になる

大事な情報とそうでない情報がわかる

情報を見て、新たなヒントが得られる

整理しているので忘れてもいい！ 頭を空っぽにできる

→ 「探す」「思い出す」時間が減り、何事にも集中して取り組める

▶▶ 情報を見返すための基本的なプロセス

多くの人が「情報を探す」→「情報を保存する」で終わってしまいがち。しかし、情報の整理とは、情報をとっておくことではない。記憶に定着させる「情報を見返す」プロセスによって、必要なときに活用できるスタンバイ状態を作ることなのだ。

情報を探す

仕事に必要であったり、気になる社会事情など、自分から情報にあたるための作業。

情報を保存する

ノートに手書きでメモをする、お気に入りのサイトをブックマークするなど残す作業。

情報を見返す

保存した情報を見直して記憶に定着させる、新たなヒントを得るための作業。

↓ 見返しやすいノートとは……

見返ししやすいノート作りもポイント!

point 1 ほどよい余白がある

項目と項目の間にスペースを設けたり、1ページ1コンテンツで書いたり、ほどよい余白があることで格段に見やすくなる。

point 2 簡潔な書き方をする

重要なことを箇条書きにする、図や線を使って関連付けて書く、文章の頭に●をつけるなど、簡潔な文章を心がける。

point 3 見開き使いで片ページをあけておく

あえて追加情報を書き込むスペースを1ページと広めにとっておく。これだけ空けてるのだから……と見直して書き込む意欲がわく。

私はこう使う

見返すための時間をスケジュール帳に記入

山岡忠志(26)メーカー

時間がある時に見返そうと思っても、なかなかそのための時間はとれないもの。そこで、毎週日曜日の夜1時間を、見返しタイムとしてキープ。スケジュール帳に記入し、タスクとして行っています。

情報の整理術

03
Information

インターネットは便利だが
手を動かすことに意味がある

情報は基本アナログで整理する

メモすることで、情報を整理し記憶に留める

いまやさまざまな情報をインターネット経由で手軽に入手できる。しかし、簡単な反面、記憶に残っていないことも多い。情報を収集・整理する際は、やはりメモをしたり、関連記事を切り貼りしたりするほうがいい。手間や時間はかかるが、その分記憶に残りやすくなり、結果的に使える情報として整理できるのだ。

▶▶ メインはアナログ、サブでネット

まずはメモ帳やノートを用意。情報の収集・整理は基本アナログ手法で処理しよう。とくに後で入手しにくくなりそうな情報は、必ず記録しておくこと。一方、検索すれば簡単にヒットするような情報はネットにおまかせ。メインはアナログ、サブ的ツールとしてネットを活用するぐらいの心得がおすすめだ。

●アナログ手法には2つの方法がある

メモをする

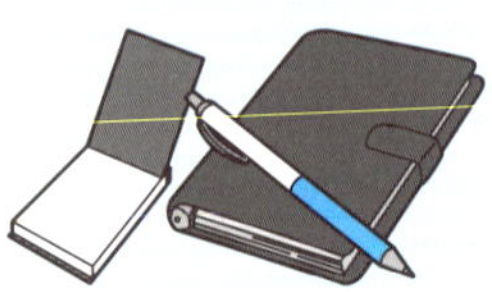

情報収集・整理の基本中の基本。

新聞や雑誌の切り抜きを貼る

スキャナーで取り込んで保存したほうが、速いし、便利だし、場所をとらない。しかし保存したまま放置される可能性が高くなる。

▶▶ アナログ式情報整理の方法

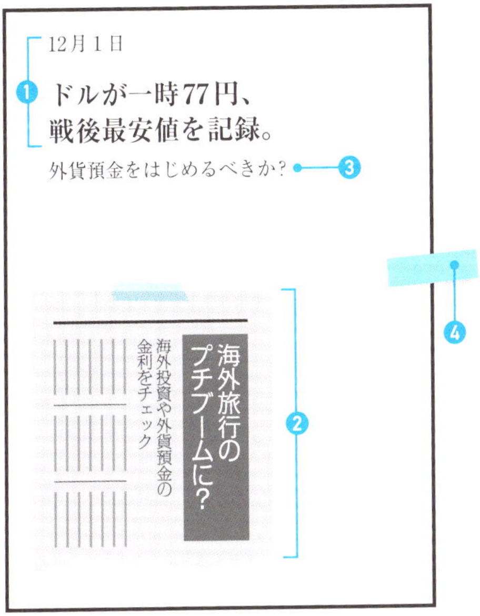
12月1日
1
ドルが一時77円、
戦後最安値を記録。
外貨預金をはじめるべきか？
3
海外旅行のプチブームに？
海外投資や外貨預金の金利をチェック
2
4

1 日付を入れて気になったことをメモ

ノートの左上に日付を記入。気になったことを記録する。情報ソースを入れておくと、後で詳しく調べるときにも便利。

2 新聞や雑誌などを切り貼りする

ビジュアルは記憶に残りやすい。とくにグラフなどの「データ」は役立つ。見た目にもカラフルになるので、楽しく続けられる効果も。

3 自分の考えなども書き加えてみる

情報を目にしたときに考えたことなども、元情報の近くに記述しておく。これが後にオリジナルの考えを導き出すのに役立つ。

4 特定の期間ごとに付箋をつけて見返す習慣を

情報に触れる頻度を増やすため、例えば週の終わりなど、ルールを設けて付箋を貼っておく。これが見返しするためのフックになる。

↓ さらに

入手しやすい情報はネットで管理する

ネット情報はそこに行けば見られると割り切り、書き写さない。ただし突然、サイトが削除されることもあるので注意。

私はこう使う

念のため資料をスキャン保険として活用する

池内宏（28）IT

基本的に情報は手書きで整理。ただし、ノートをなくしたときの保険として、時々スキャンして、データ化しています。ＰＣで見直すことはほぼないけれど、いざという時に安心できます。

情報の整理術

04
Information

さまざまな「数字」情報は
活用頻度が高い！

情報は数字に注目しながら集める

プレゼンや企画書作成に数字が効く！

新聞やテレビ、またはネットのニュースサイトから情報収集する場合は、数字に注目してみるといい。例えば「求人倍率」や「GDP」などのさまざまな数字は、プレゼンや企画書など、相手を説得する際に非常に役に立つ。具体的な数字を出すことでイメージがしやすくなり、相手に受け入れられる可能性も高くなるのだ。

▶▶ ブックマークして読み直すことはあまりない！

気になった記事を後でしっかり読もうと切り取ったり、サイトをブックマークや「お気に入り」登録しておくことが多いだろう。しかし、後から忘れずに読み直したことは少ないのでは？　情報は、その場で生きた情報に変換させなければ、埋もれて使われない可能性が高くなる。瞬時に数字と情報ソースだけでも書き出すのがおすすめだ。

●新聞やサイトを読んでいるとき

興味深いニュースや、今後役に立ちそうな情報をキャッチ！　とりあえず時間がないので、切り取ったり、ブックマークしておく。

●忙しさにかまけて忘れてしまう

切り取る、ブックマークする＝一時保存したことで安心。日常業務が忙しく読み直す時間もない。結局、保存情報の中で埋もれてしまう。

▶▶ 情報の数字に注目し、使える情報に変換する方法

●新聞やテレビから情報を得るなら

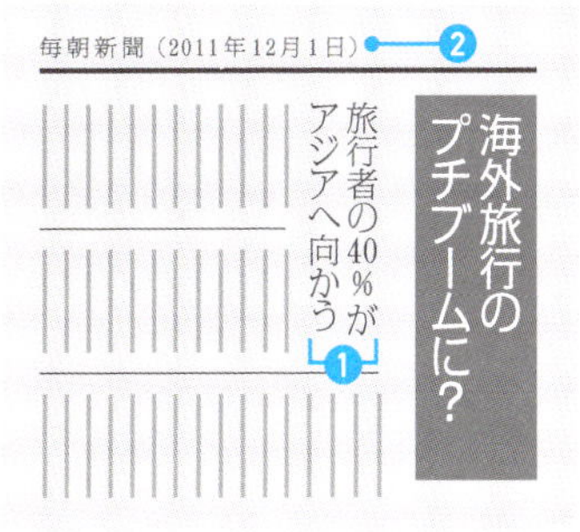

毎朝新聞（2011年12月1日）
2
海外旅行のプチブームに？
旅行者の40％がアジアへ向かう
1

1 気になる記事やニュースの数字をチェックする

例えば「求人倍率」の記事を目にしたら、「倍率が下がっていること」だけでなく「○%低下」「○人に一人の就職率」など数字に注目する。

2 その場で数字と日付、ニュースソースをメモ

ニュースソースさえ把握すれば、必要なときにいつでも入手できる。これが、生きた情報に変換する作業。箇条書きでもいいのでメモしておこう。

●ネットから情報を得るなら

ネットの場合も新聞やテレビの場合と同様、数字に注目する。ここでは、より一歩進んで、ニュースサイトの効率的な読み方と、急場の情報収集の方法を紹介する。

ニュースサイトの効率的な読み方

▼

RSSリーダーを活用する

ニュースサイトに直接アクセスしないで、RSSリーダーを利用する。RSSとはニュースやブログなどの更新情報と、その内容を大まかにまとめたもの。これを読むだけである程度内容がわかるため、必要なければ「読まない」と判断できる。

急場しのぎの情報収集と整理

▼

リアルタイム検索

例えば新商品に対する消費者の意見などは、ツイッターの「リアルタイム検索」が便利。これまではリサーチ会社がお金をかけて集めていたような情報が、ツイッターなどを利用すれば個人でも忌憚のない意見を無料で手に入れることができる。

情報の整理術

05
Information

優れた検索機能を活かし
必要なときに情報を引き出す

Gmailの「下書き」フォルダで情報整理

情報をデジタル管理できる最良の方法

オフィスや自宅、外出先など……最近充実してきている「クラウド」サービスを使えば、時と場所を選ばず、自由に必要な情報を出し入れできる。なかでも大容量データが保存でき、優れた検索機能で必要な情報を瞬時に取り出せる「Gmail」の「下書き」機能を使うのがおすすめだ。本来はメール機能だが、オンライン上のデータベースとして、情報の整理にかなり使えるツールなのだ。

▶▶ 自分宛てにメールするより、「下書き」が簡単

例えば外出先でアイデアを思いついた場合、これまでは携帯から自分宛てのGmailアドレスに内容を送り、保存・整理する方法が一般的だった。しかし、これだと「宛先」を打ち込む手間があるし、送信料もかかる。しかし、「下書き」を使えば、ワードなど特定のアプリケーションを立ち上げて、作業・保存する方法となんら変わりなく使える。

●自分宛てにメールする場合

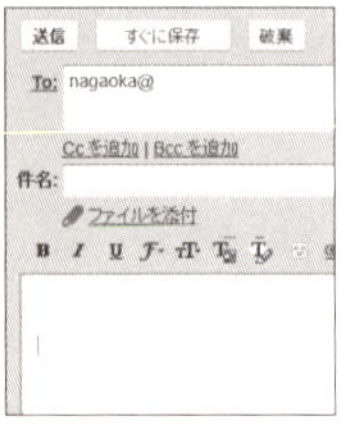

「宛先」を打ち込む必要がある。ちょっとしたことだが、ムダな作業を減らすと操作性はアップ。他の受信メールとの混在もやや気になる。

●「下書き」機能を使うと

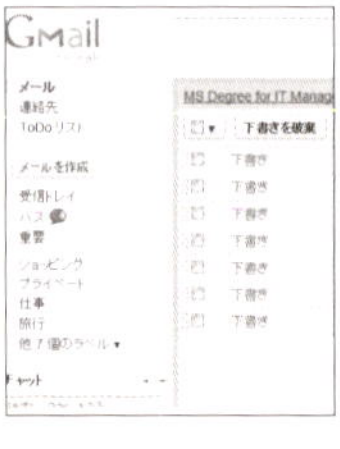

書きかけの送信メールも一時的に「下書き」フォルダに保存される。しかし、近々送信するものなので、最終的にフォルダには保存を意識した情報しか残らない。

▶▶「下書き」フォルダで情報を整理する手順

Step 1 Gmailの「作成」を選び情報を打ち込む

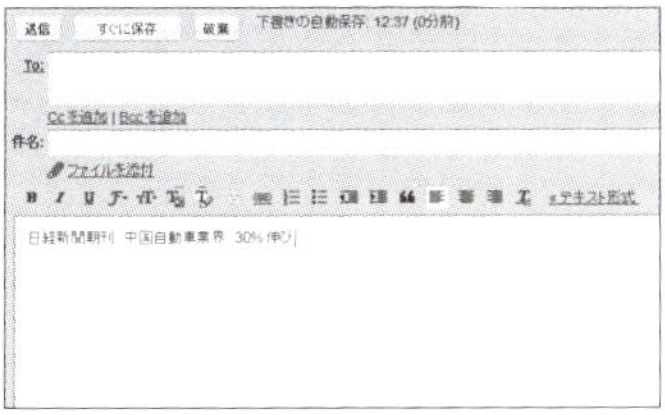

誰かに見せるわけではなく、自分が分かればいいので、単語の羅列でもＯＫ。「てにをは」が乱れていてもかまわない。

Step 2 画像や書類は添付機能を使う

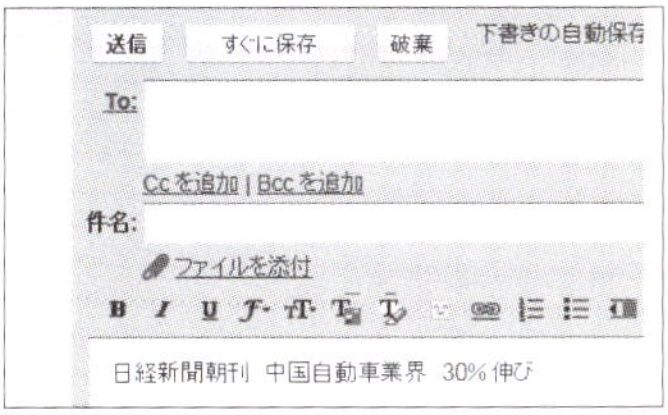

写真やPDFなどの書類も「添付」すれば保存・整理が可能。添付書類も検索できるのが、Gmailの優れた点なのだ。

Step 3 打ち込んだら「保存」をクリックして終了！

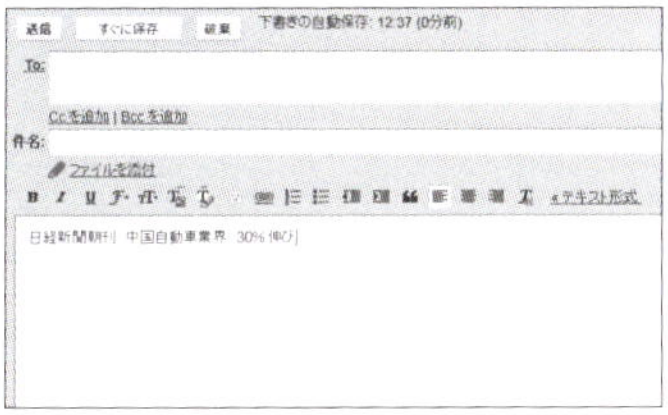

「件名」はとくに入力する必要はない。テキストを打ち込んで「保存」をクリックすれば、自動的に「下書き」フォルダに保存される。

Step 4 情報を取り出すときは検索機能を使う

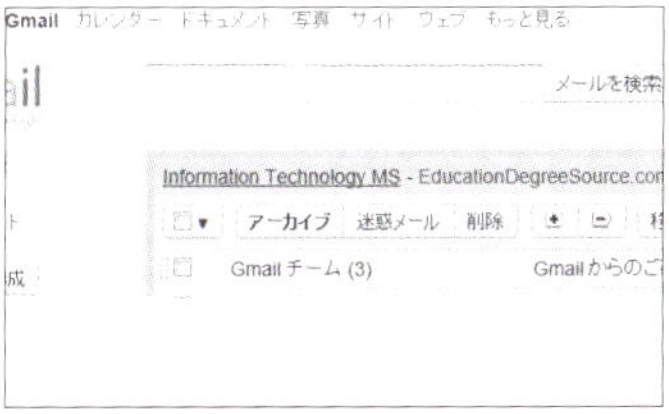

「メールを検索」欄に、必要なワードを入れてクリックすれば情報が引き出せる。場合により打ち込んだテキストをそのままコピペして使用できるのもデジタルならではの強み。

POINT

ルールあるタグづけで検索がよりスムーズに

例えば【企画】【資料】【アイデア】などと、内容に合わせて特定の用語を決め、タグづけしておくと、後で検索する際に便利。例えば【企画】の文字がないと、その企画の内容自体を思い出せなければ、情報を取り出せないからだ。また日付は必ず明記すること。2011年12月1日なら「111201」と、年・月・日の順で6ケタ表記がおすすめだ。

こんなタグづけがおすすめ

- 企画など→【企画】
- 資料など→【資料】
- 気になること→【ネタ】
- テレビの情報→【テレビ】
- 行きたいお店→【店】

情報の整理術

06
Information

情報の収集・整理に役立つ
タイムラインを作るコツ

ツイッター活用法

ツイッターは誰をフォローするかが重要

フロー情報の代表といえばツイッターがあげられる。しかし、愚痴ばかりつぶやく人をフォローしても、有用な情報は入手できない。ツイッターで活きた情報をキャッチするには、誰をフォローするかが重要。日常ネタでタイムラインをあふれさせてしまわないためにも、情報源としてのフォロー対象をいったん整理してみよう。

▶▶ フロー情報はストック情報に変えておく

タイムラインの情報はそのまま流されてしまうので、役立つネタや気になるネタはストック情報に変えておく必要がある。もちろん、後からツイッターサイト内で検索し、見つけることはできるが、そのつぶやきが前のものであればあるほど、検索に時間がかかってしまう。

フロー情報は保存性に乏しい

ツイッターなどのフロー情報は、基本的にリアルタイムを伝えることに適したツール。そのため保存性にはあまり重きをおいていない。

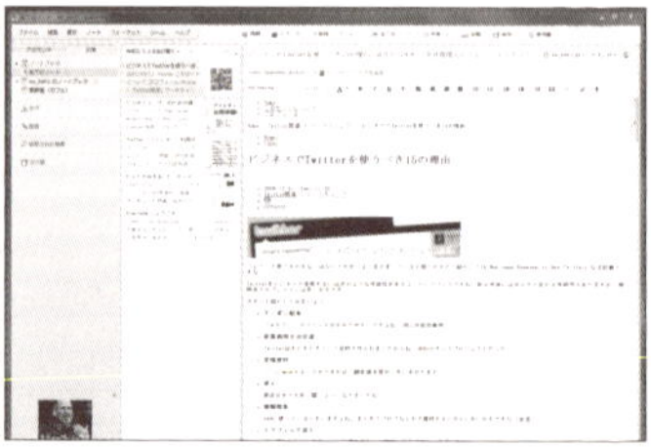

ストック情報に変えて保存

ネット上の情報はネットに保存するのが手軽。再利用もしやすい。EVERNOTE（P59参照）などのオンラインストレージが便利。

▶▶ ツイッターで“使える情報”を手に入れるコツ

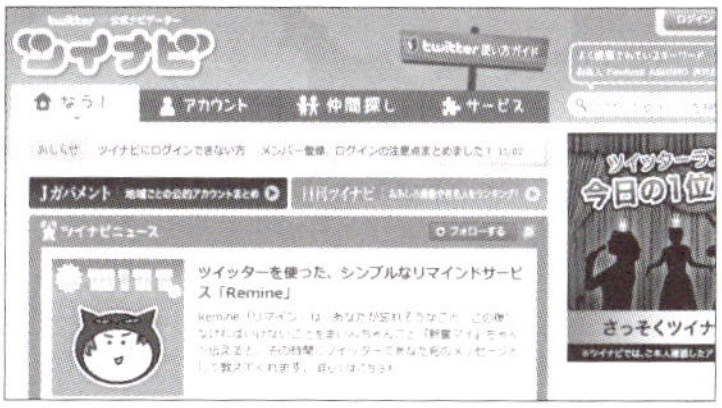

特定のジャンルの専門家をフォロー

各ジャンルの専門家やジャーナリストをフォローする。著名人のアカウントは、ツイッター公式サイト「ツイナビ（http://twinavi.jp/）」で見つけることができる。

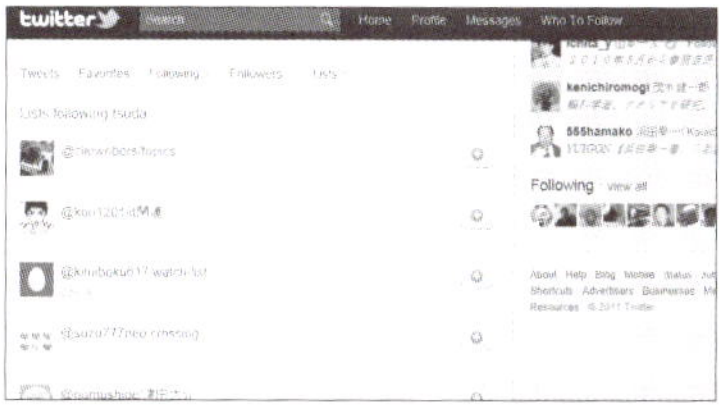

ツイッターのリスト機能を使いこなす

「リスト機能」によるアカウントの分類、管理も可能だが、フォローした人のリストも一緒にフォローしてみよう。その人と同業であるなど、何らかの関連性があってリスト化しているので、情報が倍々で入手できる。

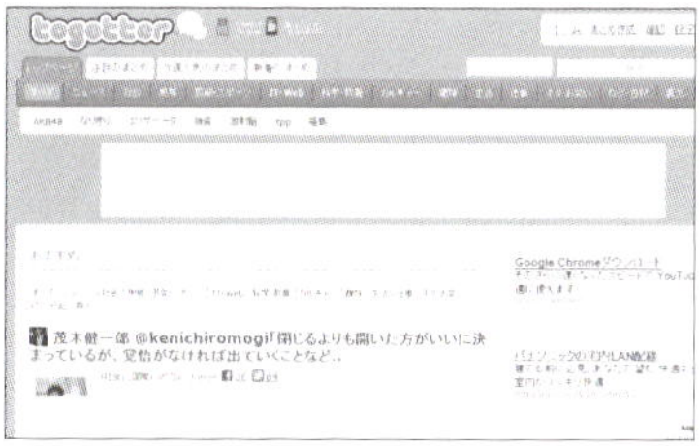

まとめサイトを活用しフロー情報をストック

ある出来事に対する複数のつぶやきを１つにまとめる機能が「togetter（http://togetter.com/）」。自分のツイートはもちろん、第三者として他人（複数でも可）のツイートをまとめられ、意見の流れや後から情報を活用する際に便利だ。

発言を工夫することも意味ある情報を手繰り寄せるコツ

情報は提供することで集まりやすくなるので、積極的につぶやいてみよう。ただし、意味のない食事ネタや愚痴はNG。自分で興味があって、誰かの役に立ちそうな情報を発信しよう。

私はこう使う

テレビの内容をつぶやきまとめサイトにして活用

山路勉（34）広告

深く知りたいテーマに関するテレビ番組を見るときは、実況中継するようにツイッターでつぶやいています。後から「togetter」でまとめておくと、番組の簡易サマリーが完成。情報を活用する時に便利です。

07 Information

玉石混淆のネットから
光る情報を手に入れるコツ

情報のハブを見つける

情報収集・整理に必要なのは量よりも質

　世間にあふれる情報量が多すぎるからといって、情報をシャットアウトするのは得策ではない。ビジネスマンとして当然知っておくべきこともあれば、知っていることで仕事に活かせる情報も多々あるからだ。これからの情報収集・整理は、量よりも質。どれだけ良質な情報を入手できるルートを持っているかにかかっている。

▶▶ 情報のハブは良質なネタをすくい上げる人のこと

　無数の情報の中から、自分の選択眼によって良質なものを拾い上げ、世間に意味あるものとして広める人たちのことを「情報のハブ」という。たとえば、「○○のことはあの人に聞けば必ずわかる」という人のこと。情報のハブを見つければ、いつでも質の高い情報が手に入る。

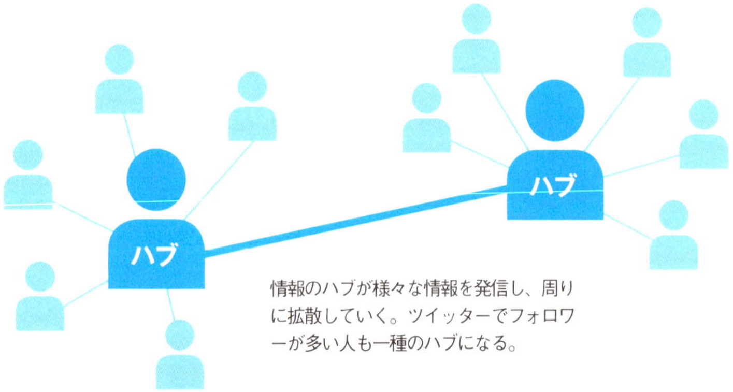

情報のハブが様々な情報を発信し、周りに拡散していく。ツイッターでフォロワーが多い人も一種のハブになる。

▶▶ 情報のハブの見つけ方

●情報のハブを見つけるメリットは？

有益な情報が手に入るようになる

信頼できるハブが数人いるだけで、そこを経由した意味ある情報だけが集まるようになる。自分で情報源を探らなくても、ハブの発言をチェックするだけでOK。

内容を精査する時間の節約になる

ハブの段階で情報の見極めがなされているため、入ってきた情報の取捨選択を一からやらなくていい。役に立つ情報か、そうでないかの判断がしやすくなる。

世の中の出来事に対し複合的な意見を持てる

ハブは良質な情報を発信するだけでなく、自分なりの見解を加えて提案していることが多い。そのため、世の中の出来事に対する新たな気付きや発見を得られる。

▼

●ハブを見つけやすいのはツイッター経由

リツイート回数の多い発言者をチェックする

リツイートの多い情報は、さまざまな人にリツイートされ、次第に自分やフォローしている人のタイムラインに届くことが多い。リツイート回数が多く、かつそれが自分に役立つ情報なら、その発信源をフォローしておくといい。

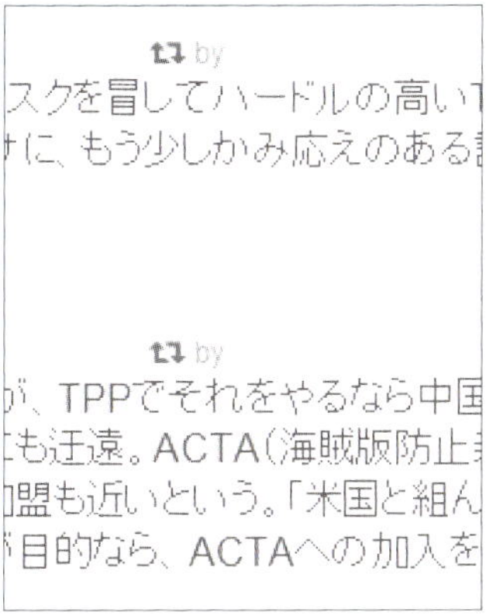

ツイッターランキングで上位の人をフォローする

これは129ページでも紹介した「ツイナビ」を利用するといい。興味のある分野でツイッターランキングの上位になっている人をフォローしてみよう。人数が多すぎるなら、リツイートされる頻度の多さでしぼりこんでもいい。

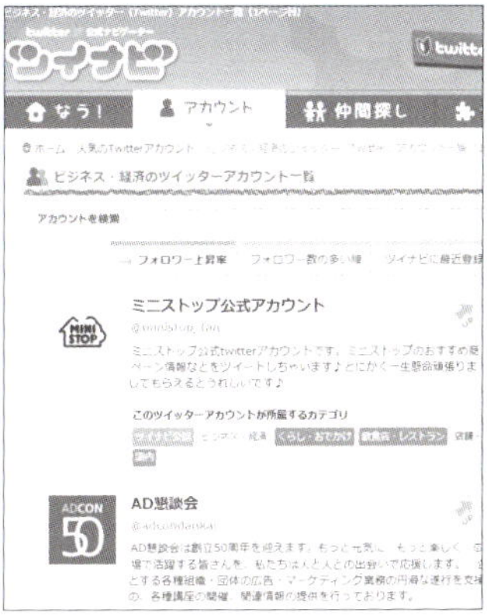

情報の整理術

08

Information

情報整理の達人、奥野宣之氏が提案
情報の逆張りで、誰もが知らないネタを入手する

情報の収集・整理に「新書」を活用する

誰もが知っている情報は意味がない！

さまざまな情報に接することはいいことだが、これだけ情報が入手しやすくなったいま、誰もが知っている情報を知っていても、ビジネスで抜きんでることはできない。誰もが知らない情報を手に入れて、自分なりの意見をアウトプットできてこそ評価されるのだ。「新書を使った逆張りインプット」は、142ページにも登場する作家・奥野宣之さんが長年の経験で編み出した情報収集方法だ。

▶▶ 新書だとなぜいいのか？

誰もが読んでいるからと人気のビジネス書を受動的に選ぶより、自ら役立ちそうな情報源を能動的に選ぶのが「情報の逆張り」。その対象を新書にしぼるのは、次のような利点があるからだ。

●新書のメリットとは……

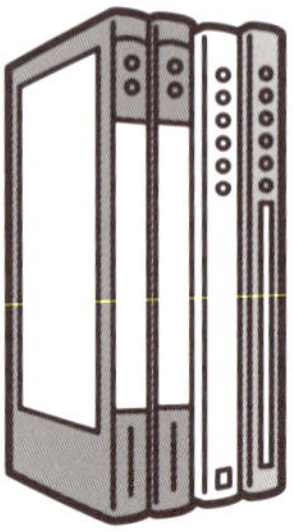

知りたいことが簡単に手に入る！

- 多くのテーマが題材になっている
- 広く浅く知るための情報のお試し版になる
- 低コストだから、何冊も買うことができる
- 携帯性が高く、いつでも読める
- 平易な文章で書かれており、読みやすい
- ロングセラーが多いから新旧比較できる

▶▶ 新書を使った情報収集と整理の方法

Step 1 自分を観察して、読みたい本のテーマを決める

「いま気になっていることは何か」「必要を感じていることは何か」「興味を持ったことは何か」などの視点で、テーマを決める。

Step 2 テーマに合った新書を同時に3冊購入する

1冊目はロングセラー、2冊目は最近の本を、3冊目は文章にひらがな、ですます体や話し言葉、図版が多いもっともやさしい本を選ぶ。

POINT
1冊だと普通の読書。3冊読むことで、一つのテーマに対し複眼的な考え方を得られるようになる。違う著者の本を買うこと。

Step 3 読む箇所の優先順位を決め拾い読みする

前から順番にではなく、知りたいことが書いてある箇所から読む。短時間で効率的に情報入手するための方法なので、拾い読みもOK。読んでいて気になった部分は角を折ってチェック。

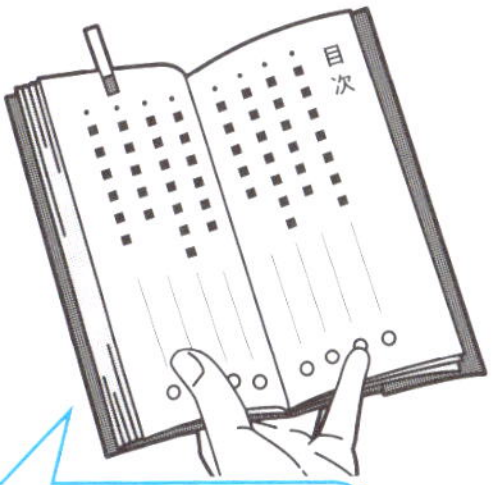

POINT
著者のプロフィールと目次、「はじめに」は精読する。それぞれの本が伝えたいことを把握すると、読むべき場所が見えてくるからだ。

Step 4 ザッピングメモを作り情報を整理する

角を折ったページから、重要な部分をマーキング。最後に題名や著者名、納得点や疑問点などを「ザッピングメモ」として記録・整理する。

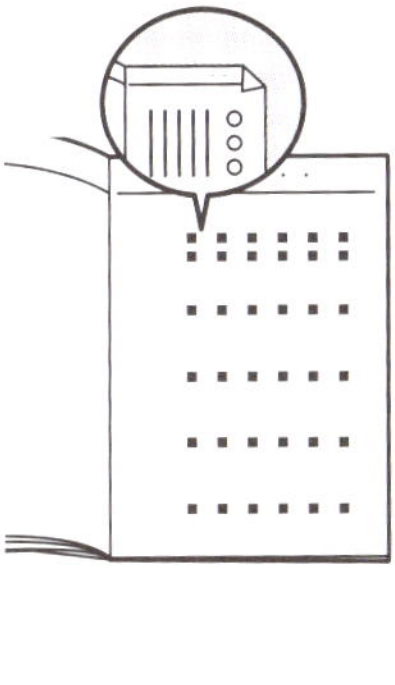

情報の整理術

09 Information

本や雑誌は最初から読まずに
効率的にゴールを目指す

情報入手の優先順位を決める

本を読むときは明確な問題意識を持つこと

本や雑誌を読むときに、最初から最後まで読もうとしていないだろうか。じつは小説でもない限り、すべて読む必要はない。奥野さんがすすめるのが、仕事に必要なノウハウや知りたい情報を入手したい場合、真っ先に目的の箇所（章）を読むこと。

▶▶ 読む前にこの本で何を得たいかを明確にしておく

本から情報入手をする場合は、すべてを読み切ることより、この本を通して、①何を知りたいか、②必要な部分はどこか、を最初に明確にしておくことが大事。「読むべき場所」と「読まなくてもいい場所」が事前に整理できていれば、そこを読むだけで解決できる場合もあり、効率的に情報を収集できるし、読後の理解も違ってくる。

●漫然と本を読むと

読後の印象がなんとなくぼんやりしてしまう。また、改めて最初から読み直したり、重要な部分を探し直したり、確認作業が必要になる。

●目的を明確にしておくと

知りたい内容が書かれた部分を先に読むことができ、時間の効率化に。

▶▶ 本や雑誌から効率的に情報収集する方法

point 1 読むべき本を決める

知りたい内容について書かれた本や雑誌を選択。もちろん、P132で紹介した新書もおすすめ。「はじめに」を読んでおこう。

point 2 目次を見て読むべき箇所を整理する

例えば、ツイッターの裏ワザ的やり方を知りたい場合、ツイッター本の目次が次のような内容だったら？

目次

1章　ツイッターとは何か？

2章　なぜツイッターが注目されているのか

3章　ツイッターを始めるには

4章　ツイッターの基本的な使い方

5章　ツイッターの裏ワザテクニック

6章　これからのツイッターとは

目次を見れば、だいたいどのあたりに自分の読みたいことが書いてあるかがわかる。熟読しながら、読むべき箇所、読むべき順番を決める。

本来なら

1章→2章→3章→4章……と、前から順番にすべて読んでしまう。

▼

効率的に読むなら

ツイッターの裏ワザが知りたいのだから、真っ先に5章を読めばいい。解決できたら他の章は後から読んでも、あるいは読まなくてもいい。

! POINT

情報は与えられるまま取り入れなくていい！

この方法で本を読むと、取り入れる情報を自ら取捨選択できるのがポイントだ。裏ワザを知りたい人は、1～4章の内容はすでに知っている可能性がある。その場合、すべて読んでいては時間を効率的に使っていることにならないのだ。情報源をしぼる分、目的意識に力を割いて、深い理解を心がけよう。

私はこう使う

必要な箇所だけ、メモをとりながら熟読する

須本則之（29）人材教育

限られた章だけをメモを取りながら熟読しています。読後は書かれていた重要なことや名言をノートに記録しています。記憶に残るほか、朝礼のネタにも使えて大活躍。

情報の整理術

10
Information

欲しい情報にストレスなくアクセスできる方法

インデックスで整理する

タグをつけることで情報整理を効率化

さまざまな情報をメモしていたのに、どこに何を書いたかわからなくなることはよくある。そんな“情報の迷子”を予防するには、紙の情報でもデータ情報でも、インデックス＝見出しを付けることだ。インデックスによって、必要なときに欲しい情報がスムーズに取り出せるだけでなく、情報を整理する際にも役に立つ。

▶▶ インデックスの付け方に気を配ろう

インデックスのつけ方がとても重要。特定の用語など、詳細を思い出さなければならなかったり、検索対象が広すぎたりすると、欲しい情報にたどりつくまでにかなりの時間がかかってしまう。

●インデックスの付け方で陥りがちな罠

情報検索の精度を上げようと細かい設定をしてしまうと、つけた自分が混乱してしまう。特定の言葉や自分でつけた造語など、思い出しにくい用語は要注意だ。

▶

日付

件名

キーワード

の3項目程度がベスト

▶▶ 使えるインデックスのつけ方

日付は必ずつける

どんな時代背景でそのような情報が発表されたのか？　そこがわからなければ情報の価値は半減。日付のないデータは意味をなさない。

記入例：
2011年12月10日の場合

- 111210（6桁表記）
→とくにデジタルデータ向き
- '11年12月10日
→ノート用。左上など目立つ場所に。

カテゴリー別の件名をつける

書かれている内容が「企画」なのか、「日記」なのか、件名をつけて分かるように。いわゆる「タグ」とも言う。設定した件名は一覧表にしてまとめておくのもおすすめ（右下参照）。

件名例：

【日記】…日々記録したこと
【メモ】…一時的な記録や分類に困るもの
【企画】…企画のアイデア
【メディアネタ】…新聞やテレビで得た情報
【欲しい物】…欲しいけど未購入のモノ
【気になるお店】…行ってみたい飲食店など
【読みたい本】…書評を読んで気になった本

キーワード、簡単な内容もつけておく

例えば企画なら、「〇商品の秋冬イベント」などと、内容を簡潔に書いておくと探しやすい。案件名などキーワードを加えてもいい。

キーワード、内容例：

- 京都出張で取引先B社と面談
- 8月売りファッション特集アイデア
- 戦後発の円高現象コメント

すべて思い出せなくても、「京都出張」「ファッション」「円高」などの用語で情報をすくい上げることもできる。

日付／件名／キーワード
↓
3つのフィルターで情報を検索
↓
探していた情報に短時間でヒット！

POINT

件名は一覧表にしてまとめておくと便利

覚えておけるならば、「件名」や「キーワード」は細かくつけたほうがいい。その分、検索の精度がアップするからだ。右図のように、１枚の紙に、件名とそこに含まれる内容をまとめて手帳などに貼りつけておくと件名づけに便利だ。

件名	内容
日記	日々記録したこと
メモ	一時的な記録や分類に困るもの
企画	企画のアイデア
メディアネタ	新聞やテレビで得た情報

情報の整理術

11
Information

時と場所を選ばない
情報整理の便利ツールNo.1

メモ帳使いのちょっとしたコツ

情報を取り逃さないために、メモをとろう！

情報は頭で「記憶」するより、メモ帳に書いて「記録」しておくのがベスト。いつ、どこで有益な情報を目にするかわからないので、つねにメモ帳を持ち歩き、必要なときに取り出せるようにしておきたい。また、書いたメモは紛失してしまいがちなので、そのままノートに貼って保存するクセをつけると、効率的に情報整理ができるだろう。

▶▶ メモは「手軽にとる&整理する」のがキモ

しかし、これまでメモをとる習慣のない人は、メモ帳を持参し忘れてしまう。また、メモを貼るときに、大きさをそろえて切ったりするのも面倒……。しだいにやらなくなってしまわないよう、気楽に書けて、保存する“情報整理の仕組み”を作ることが肝心だ。右ページに奥野さん考案の「メモを習慣化するちょっとしたコツ」を紹介！

●情報整理によくあるケース

ペンはあるけど、メモ帳をつい忘れてしまい、必要な情報を取り逃す。その情報が活かされないほか、思い出すにも時間がかかってしまう。

ノートからはみ出す部分を切ったり、場合によってはメモを書き直したり……。だが、貼らないとメモ＝情報が散乱してしまう。

▶▶ メモを書く&保存するときのちょっとしたコツ

point 1 手作りの「蛇腹メモ帳」を作る

どこにでもあるA４コピー用紙を使用。１枚につき８面のメモが可能。かさばらないのでワイシャツの胸ポケットに入れても気にならない。

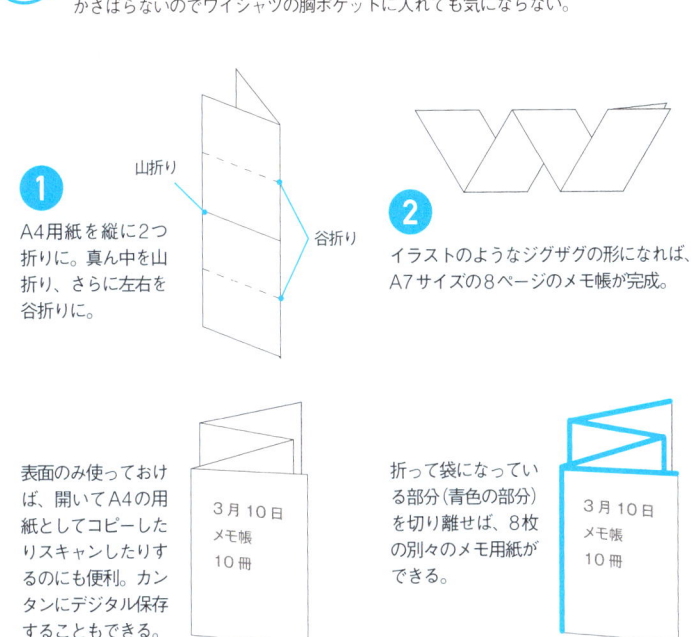

1

A4用紙を縦に2つ折りに。真ん中を山折り、さらに左右を谷折りに。

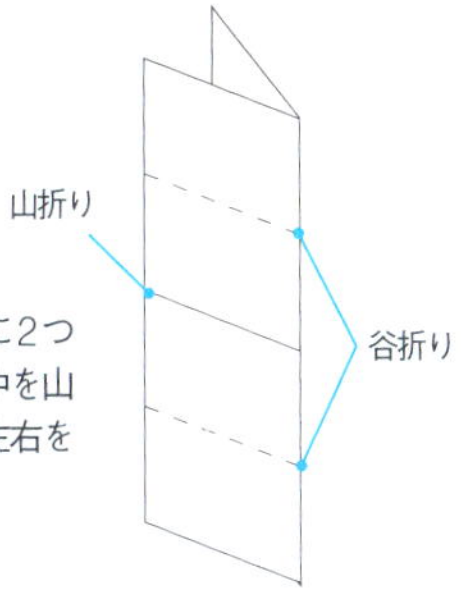

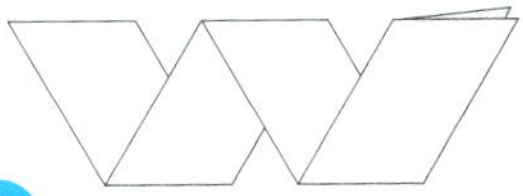

2

イラストのようなジグザグの形になれば、A7サイズの8ページのメモ帳が完成。

表面のみ使っておけば、開いてA4の用紙としてコピーしたりスキャンしたりするのにも便利。カンタンにデジタル保存することもできる。

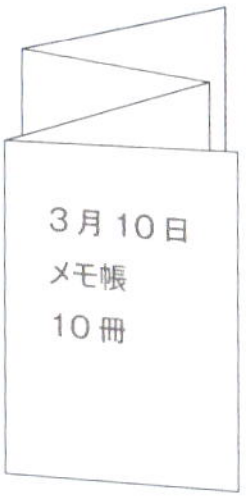

折って袋になっている部分（青色の部分）を切り離せば、8枚の別々のメモ用紙ができる。

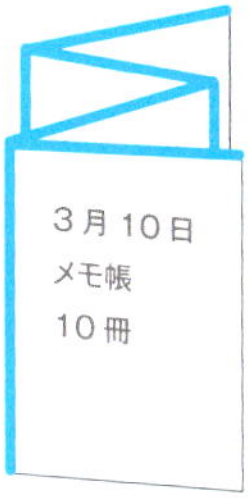

point 2 メモ帳をノートに合わせて「モジュール化」

ノートとメモの「モジュール化」とは、メモ帳のサイズをノートに貼りやすい大きさにしておくこと。B7のメモ帳はA6のノートに貼りやすいなど、それぞれ右のような関連性があるので、覚えて活用していこう。さまざまな手間が軽減されると、メモするのも楽しくなる。

● **B5の4つ切り=B7サイズのメモ**

→A6よりひと回り小さいため
　A6、A5のノートに貼りつけるのに便利。

● **「ロディア」のNo.11**

→A6ノートに2枚、A5ノートにちょうど4枚貼れる。

● **A4の資料2つ折り**

→切らずにB5ノートに貼れる。

● **B5の資料2つ折り**

→切らずにA5ノートに貼れる。

情報の整理術

12 Information

ネットで得た情報は
ネットで整理したほうがうまくいく

オンライン情報整理法

ネットの情報はネットで保存するのが効率的

ネットで得た情報は、そのままネット上に保管し、整理したほうが効率的。では、保存したまま使われないリスクを減らすには、どのような保存手段を選べばいいのだろうか？　その代表格はオンラインストレージ（オンライン上でファイルを保存、取り出し、転送ができるサービスのこと）だが、なかでも現時点で最も使い勝手がいいのは「Instapaper」と「EVERNOTE」だと言われている。

▶▶ 2つの“ふるい”で情報を精査する

ネット上で気になった情報は、まず「Instapaper」（http://www.instapaper.com/）に一時保管。次に改めてそれらを閲覧・選別し、ストック情報として「EVERNOTE」（http://www.evernote.com/）に保存しよう。最初から「保存しておくかどうか」で情報を捉えると、判断する時間ばかりかかってしまうので注意！

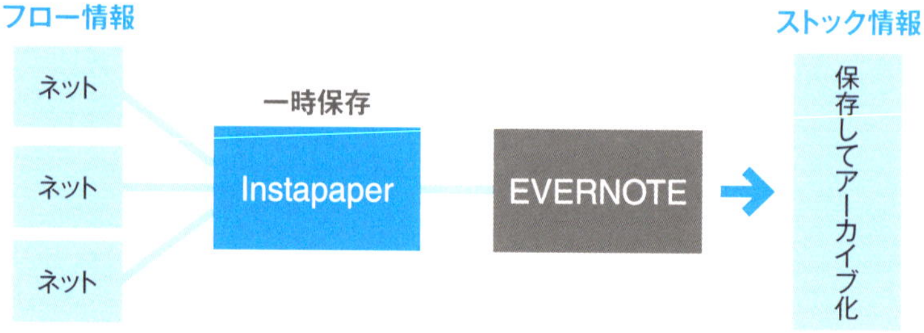

▶▶ ネット情報をネット上に保存・整理する方法

Step 1 気になる情報をInstapaperに放り込む →一時保存

例えばツイッターやブログなどの簡易情報は、外出時の移動中などに閲覧することも多い。その際気になった情報は、スマートフォン経由でInstapaperへ。この時点では、ざっくり情報の取捨選択をすればいい。

Instapaperとは

オンラインストレージの一種で「後で読む」の機能が充実。スマートフォンとの連動性もいい。

Step 2 情報を精査し、「EVERNOTE」に保存 →整理・保存

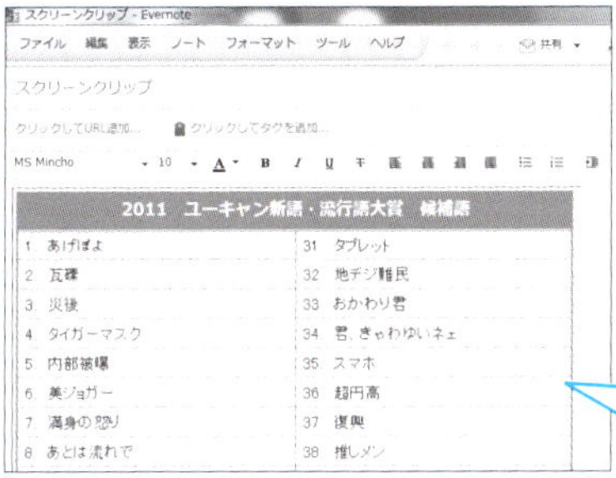

Step1で一時保存した情報を、操作性がよく落ち着いて見られるPCのWebブラウザで読み直し、取捨選択していく。後で「必要になりそうなネタ」「再利用しそうな資料」などをクリップ（保存）しよう。

EVERNOTEとは

テキストはもちろん、写真、音声、PDFまで、あらゆるデータを保管することができる。

2段階のふるいをかけることで、効率的にネット情報の整理ができる。

達人活用術 **04** 情報の整理術 Information

「残す」「捨てる」をその場で判断し、貯めたり、分類しない整理術を確立

作家 **奥野宣之**さん

PROFILE

1981年大阪府生まれ。専門誌記者を経て、専業作家。2008年、独自の情報整理術をまとめた『情報は1冊のノートにまとめなさい』(ナナ・コーポレート・コミュニケーション)がベストセラーに。知的生産に関する研究執筆に取り組む。

「誰もが知ってる情報からは独自の考えは生まれません。超情報化社会では情報源を絞ることが肝心」という奥野さん。自身の記者経験を経て確立したのは、情報をどんどん捨てること。

「情報を溜め込んでから整理・分析するのはやめ、情報と出会った瞬間にその核心をつかみ、他はもう目に入らないように捨てています」

捨てる基準を決めれば、多様な情報の価値も瞬時に判断できるようになるそう。「情報収集の最終的な目標は、戦略的なインプットで他の人とは違う仕事をすることです。情報は捨てないと入ってこない。捨てると意識すると、漫然と情報を集めなくなり、整理しやすくなります」

check

達人のココが使える!

① 情報を能動的に選べるようになる

自分に必要かどうかを見極める「情報に対する目」が作れるので、お仕着せの情報ではなく、自ら能動的に情報の取捨選択ができるようになる。意味のない情報収集・整理で時間をムダにしなくてすむ。

② 情報を捨てて、自分の考えを増やせる

重要だと判断した情報は、1冊のノートに記録しておくだけ。情報整理にかける手間や時間を、自分の考えをまとめたりすることに使うスタンス。自分独自の意見が持てるようになり、仕事で抜きんでることができる。

整理術 **1** **情報に対する「目を作る」**

自分にとって必要な情報を見極めるには？

「目を作る」とは、「情報に接する前に、自分自身がどんなアウトプットをしたいのか具体的なビジョンを持つこと」（奥野さん）。ゴールがわかれば、自動的に使えない情報はスルーし、さまざまな情報の中から必要なものだけ取捨選択できるようになる。

▶ ゴールの決め方がポイント!

●例えば自分が営業マンなら……

「話が面白いと言われるようになる」などと設定。 → 次にそれらを実現するために必要なことをノートに書く。

ただしこれはNG

- ビジネス雑誌をすみずみまで読みこむ。
- ゴルフの話ができるように勉強する。

理由：「面白いと言われる」より、「話について行ける」レベルにしかならない。

これが正解！

- オバマ大統領のような堂々とした話し方。
- 漫才師のようなテンポのいい語り。

理由：“必要なこと”として取り入れるべき情報がわかりやすく、情報の入り方も変わってくる。

整理術 **2** **新書を自分だけの情報ソースにする**

独自の情報ソースで差別化

奥野さんは情報源に「新書」を活用し、同時に３冊読む方法で情報を収集・整理する。新書ならば１万部売れた本でも、テレビの視聴率のように換算すると0．0077％。じつは誰もが知っている情報ではなく、マスメディアに比べて希少性が高いのだ。新書の読み方はP132で紹介しているので、ここでは新書の情報整理法「新書ノート」の作り方を紹介する。

▶ 新書ノートとは

3冊読んで得た情報を、論点や疑問点、納得したことなど、独自の観点で1枚にまとめたもの。内容を比較できるため、後に資料として活用できるほか、記憶に定着しやすい効果もある。

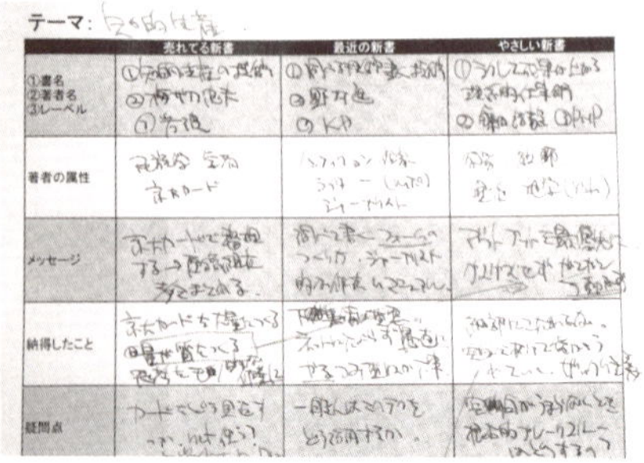

❶ 横軸は3冊のタイプを入れる

3冊の新書を選ぶ基準である「売れてる新書」「最近の新書」「やさしい新書」の順に左から記入していく。

❷ 縦軸に項目を立てる

書名や著者名はもちろん、「メッセージ」「納得したこと」「疑問点」などの項目を書き込み、それに沿って記入していく。

[項目例]

- タイトル・著者名・レーベル名
- 著者の属性＝学者、ノンフィクション作家、ライターなど。
- メッセージ＝その本で一番伝えたいこと。
- 納得したこと＝一番印象に残った内容。
- 疑問点＝読んでいて“引っかかった”こと。
- 論点＝3人の著者に投げかける共通の問いかけ。例えばテーマが「知的生産の方法」なら、「考えをまとめる時のテクニックは？」などと自分が知りたいことを書いておく。新たな興味にもつながる。

整理術 3 捨てる技術

情報を「捨てる」勇気、基準の持ち方

情報源をしぼることは、情報を得る努力をやめるということではない。情報を小さいブロックの集合としてとらえて、一つひとつについて、自分自身が目指すゴールから割り出した判断基準で、必要か否かを判断して、取捨選択していくということだ。

●情報を評価する基準例はほかにもある！

- □ 正確性があるか：「景気はどうなるか」など観測記事は意味がない。
- □ 1次情報か：直接見たり、聞いたりした情報は強い。
- □ 影響力があるか：「あの人が言うならば」というキーマンの情報など。
- □ 動機はなにか：発言者がメリットを得るための情報でないか？
- □ 希少性はあるか：簡単に得られる、どこでも聞ける情報は捨てる……など。

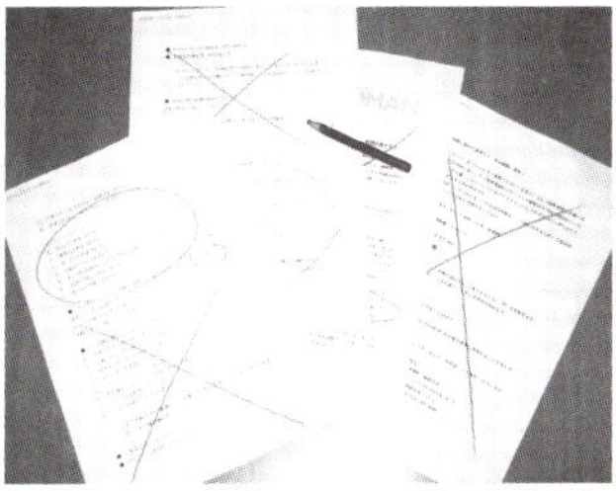

いらない部分に×をつけ捨てる準備をする

打ち合わせのメモなら不要な部分に大きく「×」をつける、新聞や雑誌なら必要な部分を切り取ってそれ以外は捨てる。いらない情報＝ノイズにふりまわされず、必要な情報に集中できる。

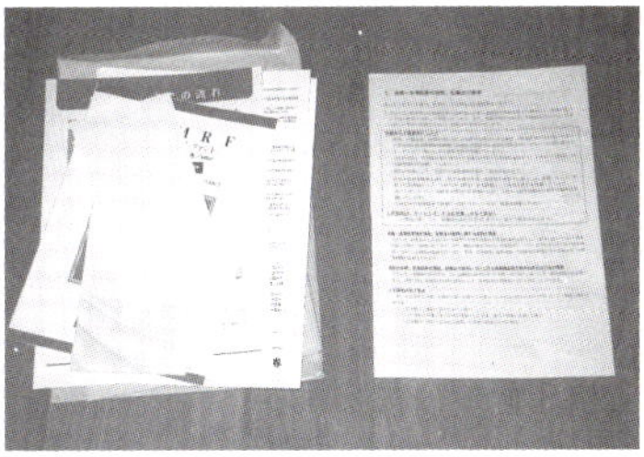

プレゼンや会議資料もその場で分解

すでに知っている内容、告知ページなど、不要と感じたら「捨てる」候補に。本当に必要かどうかで選ぶと、資料は最終的には写真ぐらいの少量に。グラフやデータは後で使えるので残す。

整理術 4 ねぎま式メモ

情報に自分の意見を加えて最強のデータベースに

普段から自分の意見をまとめておくため「ねぎま式メモ」を考案した奥野さん。情報を箇条書きで記録すると同時に、自分の考えも記録。「最終的に、外から得た情報—自分の考え—外から得た情報……と交互になるため、ねぎま式です。戦略的インプットをするには、自分の意見をどれだけ増やせるかが重要なんです」（奥野さん）

●「ねぎま式メモ」の作り方

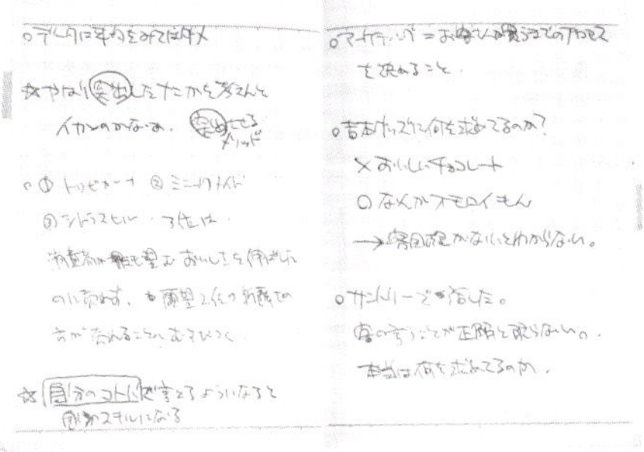

❶ 気になるネタや使える情報をノートに書き出す

外から得た情報には、文頭に「○」をつけてから書く。ビッチリ書き込むのではなく、項目と項目の間には余白を作っておくこと。

❷ 外部から得た情報の間に自分の考えを書き込む

自分の考えの文頭には「☆」をつけて区別する。いきなり気の利いたことを言うのは難しいが、普段から考えをまとめておけば武器になる。

COLUMN 5 情報を選ぶ力が結果を生む

かつては「いかにしていい情報を得るか」が重要だったが、最近は「いかにして情報を選択するか」がテーマになっているといえるだろう。

インターネットが登場して、時間も空間も飛び越えてあらゆる情報を得られるようになった。しかし、まさに玉石混淆で、レアで貴重な情報もあれば、まったくのガセネタも混じっている。情報を得ることに苦労がなくなった分、使える情報を見極める選択眼が欠かせなくなった。また、情報操作を仕掛けることも簡単になったため、自分を守る術も身に付けなくてはならない。

ただし、インターネットで得られる情報は、2次、3次情報に過ぎない。自分で体験して得られる1次情報の重要性は、いつの時代でも変わらない。時代とともに、技術の進歩とともに、変わるものと変わらないものに柔軟に適応していく能力こそが求められているのだ。

昔

情報の少ない時代には、情報をもっていることが重要だった。

今

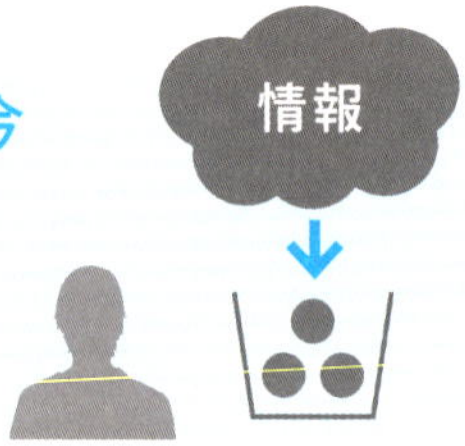

情報のあふれる現代では、有効な情報を選びとることが肝心だ。

5

思考の整理術

Thinking

考えをまとめるためには
頭の中を整理する必要がある。
目に見えないものを整理するのは難しく
そのためのメソッドを活用して
効率的に整理しよう。

INTRODUCTION

思考の整理が必要なワケ

思考法を活用して モヤモヤを解決する

先人の知恵を利用して問題解決につなげる

「下手な考え休むに似たり」と言われるとおり、考えているだけでは物事は何も進まない。しかし、考えをまとめるのは誰もが苦労することでもある。そこで、数々の「思考法」が編み出されてきた。それを上手に活用して、できるだけ効率よく思考を整理していく。そして、必ずアウトプットして、その結果を仕事につなげよう。

▶ CONTENTS

図解 思考の整理

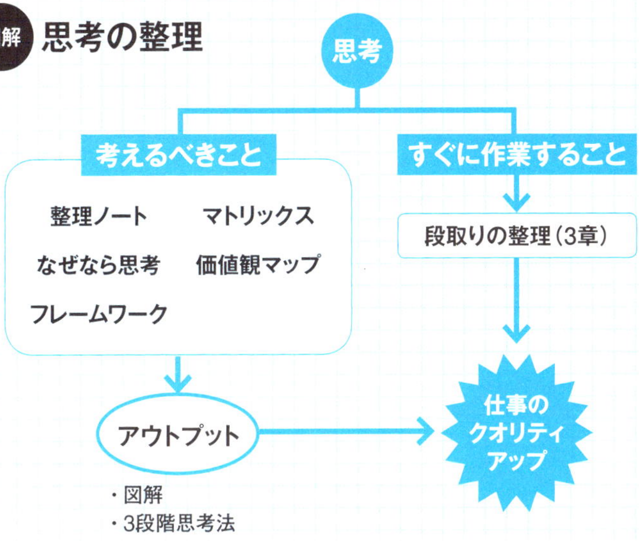

▶▶ 思考の整理のポイント

point 1 考えるべきことを絞る

思い悩んでいることのうち、本当に考えなければならないことと、実はすぐに作業に取りかかれるものが混在していることがある。それらを整理する。

point 2 思考法を活用する

考えをまとめたり、問題を解決するためのさまざまな思考法が存在する。自己流で考え込むより、これらを上手に活用して思考を整理する。

point 3 アウトプットにつなげる

考えたことをそのままにしては意味がない。誰かに伝えたり、仕事に反映させたりして、必ずアウトプットにつなげるようにしよう。

思考の整理術

01 Thinking

大事なことを見極めれば
思考に“深さ”が生まれる

考えるべきことを整理する

悩んで時間をムダにしている日本人

日本のホワイトカラーの生産性は、先進国のなかで最も低いと言われている。長時間の会議や必要以上に凝った資料作成など、目に見えるムダも多いが、じつは非効率の原因は別のところにある。物事に対して何をどう進めればよいのか、自分の判断が正しいのかどうか……悩んだり、考えたりする時間に多くを費やしているからだ。

▶▶ 時間をムダにしないために思考を整理する

効率的に物事を進めるための第一歩は、自分で判断基準を設定して、思考を整理すること。「よくならないなら悩まない」「速くならないなら焦らない」と自分のなかでルールづけしておけば、余計な悩みが排除され、本当に考えなくてはならないことだけに集中できる。

●あれこれ考えると……

何が重要か見極めできてない状態でもある

↓

つねに考えごとだらけ。しかも何一つ解決しない

↓

仕事が滞り、さらにやることも増える

↓

仕事の効率・質が低下

●考えるべきことがわかると……

自分や会社にとっての重要事項が理解できている

↓

考え込んでも仕方ないことは割り切り、タスク的業務は思い切って対処

↓

思考のための時間を確保し集中して考えられる

↓

仕事の効率化、質の向上。評価も高まる

▶▶「考える」ことと「考えない」ことの決め方

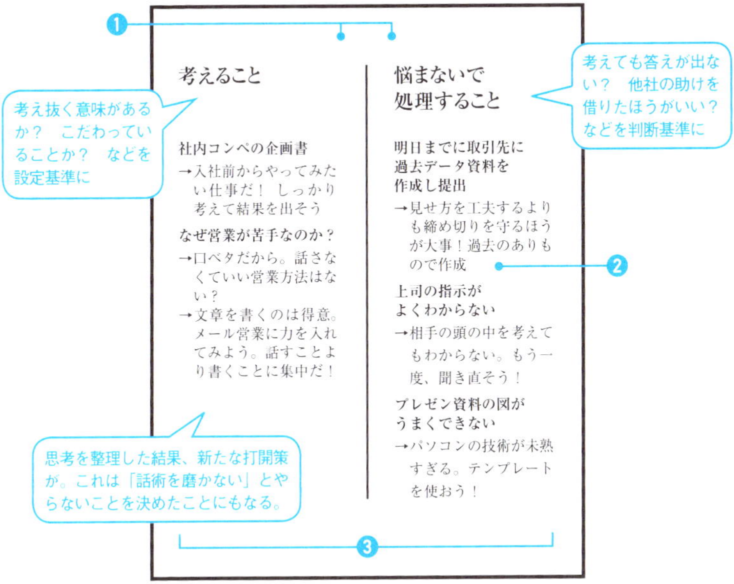

1
考えること
悩まないで処理すること
考え抜く意味があるか？　こだわっていることか？　などを設定基準に
考えても答えが出ない？　他社の助けを借りたほうがいい？　などを判断基準に
社内コンペの企画書
→入社前からやってみたい仕事だ！　しっかり考えて結果を出そう
なぜ営業が苦手なのか？
→口ベタだから。話さなくていい営業方法はない？
→文章を書くのは得意。メール営業に力を入れてみよう。話すことより書くことに集中だ！
明日までに取引先に過去データ資料を作成し提出
→見せ方を工夫するよりも締め切りを守るほうが大事！過去のありもので作成
2
上司の指示がよくわからない
→相手の頭の中を考えてもわからない。もう一度、聞き直そう！
プレゼン資料の図がうまくできない
→パソコンの技術が未熟すぎる。テンプレートを使おう！
思考を整理した結果、新たな打開策が。これは「話術を磨かない」とやらないことを決めたことにもなる。
3

1 ノートや紙を用意し縦に2分割する

左側に「考えること」、右側に「考えないこと」を書き込んでいく。

2 悩みや考えを分類、書き出して整理する

頭の中にある悩みごと、考えごとを分類していく。明日までに取引先に資料を提出する必要があるなら、「考え込まず過去のありもので……」などと分類・整理。

3 時間や力を注ぐべきことが見えてくる

提出まで時間がないのに、すべてを一から考えると提出すらできず本末転倒。思考の判断基準を設けて整理すれば、ムダな時間を費やさなくてすむ。また「やること」「やらないこと」の取捨選択にもつながる。

POINT

悩んでいても、深く考えていることにならない

仕事の進め方や将来の目標……悩んでいると深く考えている感覚に陥りがち。しかし、「悩むこと」と「考えること」は違う。もちろん悩んでいる間、物事は停滞している。考えること自体はいいが、答えの出ない思考をめぐらす「悩み」はだめ。ずっと頭の中にとどまると単純な作業にまで影響してくる。

思考の整理術

02
Thinking

頭の中を“見える化”し
スッキリ整理するアナログ術

思考整理ノートの作り方

書き出すことでやるべきことに集中できる

　やらなければならないことがたくさんあると、「あれも、これも……」と頭がいっぱいになる。「思考整理のノート」はやるべきことはもちろん、気がかりなこと（＝悩み）、やりたいこと（＝願望）を書き出すことで考えを整理するツール。書くことで、忘れないようにと心配する必要もなくなるため、目の前のことへの集中力もアップする。

▶▶ 手帳やメモではなく、なぜノートがいいのか？

「思考整理のノート」は書いて終わりではない。後日見返して、新たな情報を書き足すことで、思考の流れを把握。斬新なアイデアを生み出すツールなのだ。携帯性よりも、書き込むスペースが充分とれるB5以上のノートを選ぼう。

●思考整理ノートはこんなときに使える

**目標や課題のための
To Doを整理**

実現のためにやるべきことを細分化。具体的な行動レベルまで落とし込める。

**セミナーの
受講内容を整理**

受講メモに自分の意見を加えることで、内容を整理。知識を自分のものにできる。

**問題の解決法を
整理**

問題とその原因を思いつくままに書き出すことで、より具体的な解決策が見つかる。

▶▶ 思考整理ノートの作り方

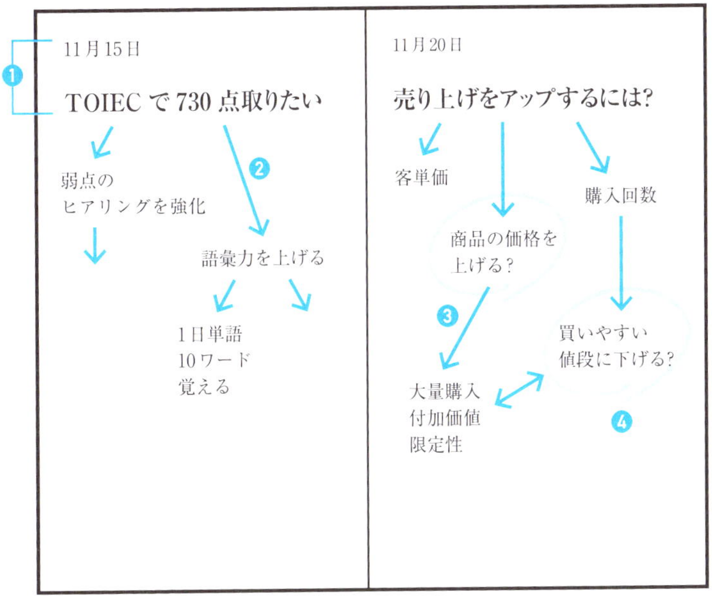

1 ノートの一番上にテーマを書き出す

「英検に合格したい」「なぜ自社商品が売れないのか」など、どんな内容でもＯＫ。日付も忘れずに入れておこう。

2 矢印を使って具体的な方法を導き出す

例えば夢や目標を書いた場合、そこから矢印を引き出し、やるべきことを細分化していく。余白が多くなっても気にせず、1ページ使おう。

3 キーワードを線でつなぎ関連性をもたせる

「原因」と「結果」を線でつないだり、キーワードを囲んだり。さまざまな物事を関連づけることが、思考の整理につながるのだ。

4 あとで見返し情報を加える

見返すことで脳に強くインプットされる。新しい情報や考えがあれば書き加える。思考の流れが見える化し、さらに考えが整理できる。

! POINT

**4色ボールペンを使い
内容に強弱をつけて整理**

最初に考えたことを「黒」、2回目を「赤」、3回目を「青」、4回目を「緑」なとど、時系列で色分けすると思考の流れが明確に。また、キーワードを目立つ「赤」で囲む、反対の意見を「青」で書くなど、色をうまく活用すると、見た目にもわかりやすく整理できる。

03 Thinking

複雑化した物事を4つに分類、
シンプルに考える技術

マトリックス思考法

4つに分けることで状況・情報を整理する

縦軸と横軸をクロスさせたグラフのような図があり、条件によって分類している図（右ページ参照）を見たことはないだろうか？　これがいわゆる、「マトリックス」と呼ばれるフレームワーク（思考法・分析法）の一種。複雑な状況や情報をシンプルな４つのカテゴリーに分類・整理して問題点を見つけ出し、さらに考えるヒントを得る方法だ。

▶▶ すべての物事を立体的に。客観的な視点を得る

「マトリックス思考法」は状況・情報を整理するだけでなく、目の前の物事の位置づけを把握することもできる。物事をマッピング的に俯瞰でとらえることができるため、先を見通す力が身に付くのだ。

●頭の中で考えるだけだと……

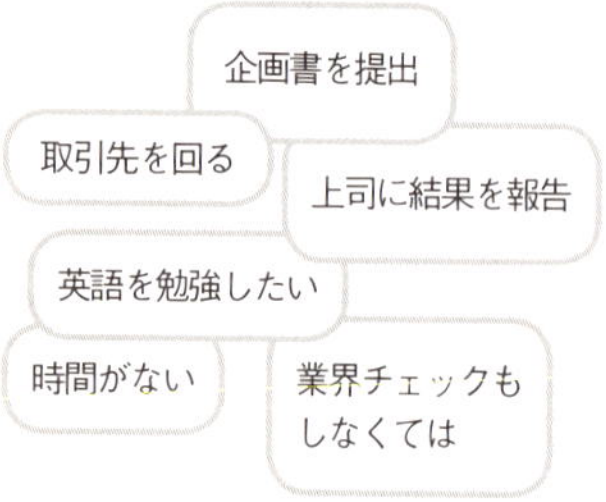

やるべきことがいっぱいあることはわかるが、何からやればよいか、何のためにやるのか……意味・目的を見失う。

●マトリックス思考法だと

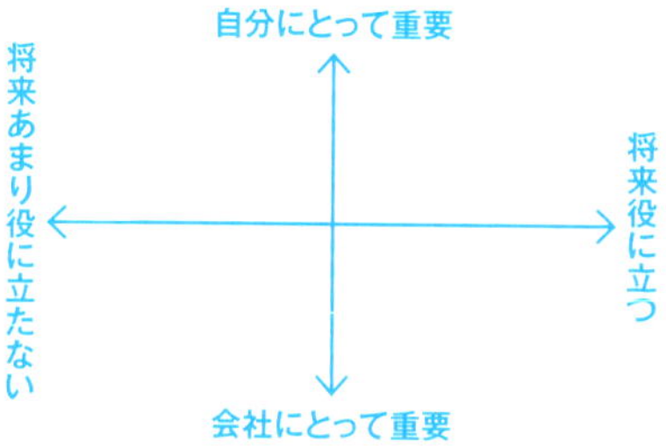

意味を感じられない日々のタスクも「将来性」という視点が加われば、意外に重要度が高かった……という発見につながることも。

▶▶ マトリックス思考のやり方

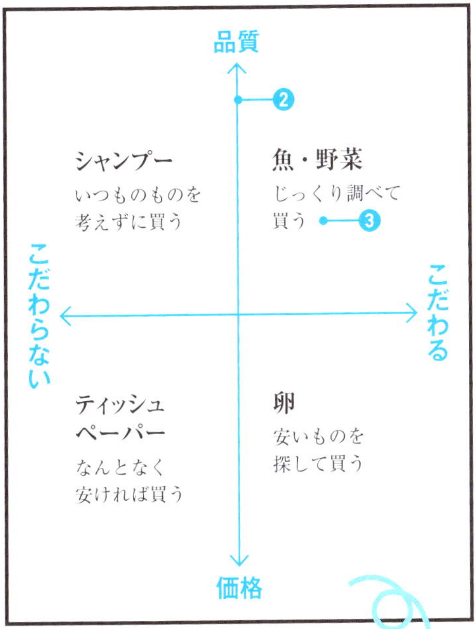

1 用紙とペンを用意する

単純に書くだけでも整理効果は高い。書き込むスペースに余裕があるA４以上がおすすめ。

2 縦軸と横軸を作り軸の設定を決める

例えば「買い物の効率化」などもマトリックス化できる。縦軸を「品質／価格」、横軸を「こだわる／こだわらない」とすると左のような４つのエリアが作られる。

3 物事を４つの要素にふり分けていく

例えば、魚や野菜は「じっくり吟味して買う」、ティッシュペーパーは……と物事をふり分ける。これで商品選びに対する考え方を整理。

マトリックス思考はいろいろ使える

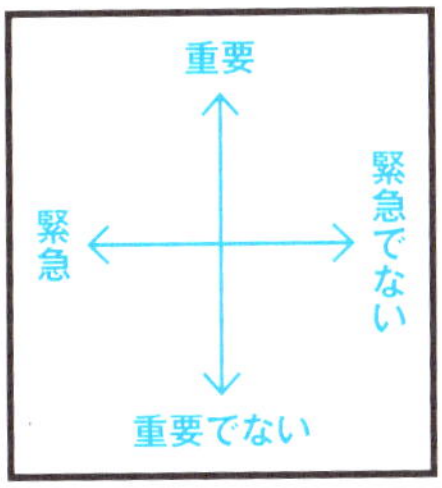

時間の使い方

物事を緊急度によってのみ処理すると「急ぎではないが重要なこと」に着手できなくなる。マトリックスなら何が優先かの見極めができる。

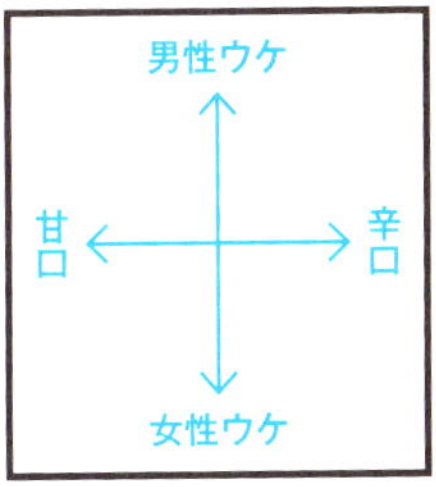

開発・販売戦略

新商品を開発する場合、ライバル会社の商品の位置づけがわかる。狙うべき層が明確になり、開発や販売の戦略が立てやすい。

私はこう使う

英語の習得に必要なことをマトリックス思考で整理

山崎武雄（35）営業

英語の習得には、読解・リスニング・会話・英作文の４つの力が必要。勉強内容に偏りがでないように、教材や問題集から、勉強法までマトリックスにして整理。足りない能力を補うことができた。

思考の整理術

04 Thinking

マイナス思考から抜け出し、
人生がうまくいく考え方

感謝日記をつける

不安や悩みが多いと、他人を非難してしまう

いつも不安を抱えて悩みが多く、世の中に対して怒りを感じているほど、「こうでなければならない」と凝り固まった考えに陥りがち。現実とのギャップに苦しみ、周りや社会が悪い、と他人のせいにして自分を守ろうとする……。こんなマイナス思考の連鎖を断ち切るのが「感謝日記」だ。

▶▶「感謝日記」を書いて間違った認識を整理しよう

ささいな出来事や感じたことを日々整理すると、不安や怒りなどマイナスの感情に陥る思考のクセが明白に。そんな心の動きも認めつつ、「感謝日記」にはいいことだけを記入する。現実を冷静に見られるようになり、感謝の気持ちが芽生えて周囲との関係もよくなっていく。

●感謝日記の4ステップ

Step 1 →	Step 2 →	Step 3 →	Step 4
その日にあったこと、感じたことを整理する	感情のクセを知る。「どうせ～」「～であるべきだ」などの感情に注意。	感謝日記をつける (書き方は次のページ)	翌朝見直す

1日寝る前に3分間でOK。翌朝見直すことで、その日をプラスの感情で始められる効果あり。深刻にならず軽い気持ちで始めてみよう。

▶▶ 寝る前に3分間！　感謝日記の書き方

●まず別のメモ用紙に……

会社で上司に怒鳴られた。
なぜいつも自分ばかり
怒られるのか、
納得できない!!
（1）

電車でマナーの
悪い客に
ムカついた！

仕事に関係がない、ささいなことでもOK

（2）

1 その日に起こった出来事をまとめる

ささいなことでもＯＫ。どう感じたのかを書き出し、喜怒哀楽をそのまままとめる。「腹が立った！」など素直に。

2 メモを見ながらネガティブ思考のクセを知る

例えば上司に怒られて「上司は自分のことを嫌っている」などと思っていないか？　ネガティブ思考になるパターンが判明。

メモを見ながら……

●次に感謝日記に記入

1項目につき、2、3行でOK。5つ書き出す

12月1日

① 仕事で大変そうにしている自分に、先輩がアドバイスをくれた。後輩も手伝ってくれた。いい同僚に恵まれている。感謝！

② 営業先で、本日開店のお店でランチ。オープン記念で当日限定のデザートを無料で食べられた。

③ 夕焼けがとてもきれいだった。こんな夕日を見れたことに感謝

・
・
・
・

人だけでなく自然やモノに対してもOK

（3）

3 ネガティブ思考をプラスに変換。感謝を５つ書き出す

「自分がミスしたから上司は怒ったんだ。ミスがわかって感謝」などとポジティブな思考に変えて書く。「感謝した」気持ちだけでなくうれしかったことでもＯＫ。

4 前日につけた日記を翌朝見直す

感謝する気持ちをよみがえらせて、ネガティブ思考を遮断。結果、前日は言えなかった感謝も伝えられるようになる。

私はこう使う

感情を整理するとささいなことでイライラしなくなる

本城康之（28）営業

その日にあったよいことを箇条書きにしてメモ帳に。取引先とうまくいかず悩んでいた時期もありましたが、書くことで自分の問題点にも気が付き、ささいなことではイライラしたり、怒ったりしなくなりました。

思考の整理術

05

Thinking

疑い、自ら答えを考えることで
頭が整理され、思考力が高まる

「なぜなら思考」のトレーニング

情報を受け入れるだけだと思考力が低下

新聞やテレビに、インターネット……目にする情報量が格段に増えたとはいえ、ニュースのヘッドラインだけを読む、世の中の出来事を簡単にまとめたサイトだけを見る、といった「結論」だけを手っ取り早く知ろうとする情報との付き合い方は、思考力を低下させる。物事を短絡的に捉える思考のくせがつき、ケアレスミスが増える。

▶▶ 疑うことで、もう一歩深い思考ができる

短絡思考を直すには、「なぜ？」「なぜなら……」と自問自答するクセをつけること。情報との付き合い方はもちろん、自分で答えを出したときにも「これでいいのか？」と疑いを持つようにすると、思考をもう一歩、さらにもう一歩と発展させることができるのだ。

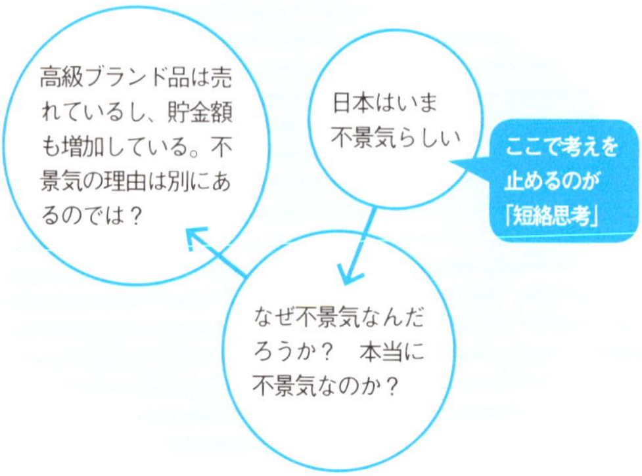

日本はいま不景気らしい
ここで考えを止めるのが「短絡思考」
なぜ不景気なんだろうか？　本当に不景気なのか？
高級ブランド品は売れているし、貯金額も増加している。不景気の理由は別にあるのでは？

情報の上皿だけを信じていると、その背景や因果関係まで考えが及ばなくなる。ひいては、なぜ仕事でミスが起こるのか？　といった実務的な問題の背景さえ考えられなくなる。

▶▶ なぜ？　なぜなら思考のトレーニング方法

トレーニングは週１回１テーマだけでOK。数をこなすよりも、少なくていいので心ゆくまで考え、思考を整理することが肝心。

例

戦後最高の円高を記録した

トレーニングの対象はニュースや社会事象だけではない。「転職したい」「上司とうまくいかない」など感情的な悩みから、「部下がよくミスをする」「会社の業績が悪い」といった仕事上の問題点まで、さまざまな事柄を扱うことができる。

トレーニングSTART！

▼

なぜ？

対象の物事に対する「なぜ？」を考える

その出来事がなぜ起こったのか？（対象により、なぜそう思うに至ったのか？）を思考する。正解を出す必要はない。思いつくままに思考を巡らせよう。書き出すとなおよい。

- なぜ戦後最高になったのか？
- なぜいまのタイミングなのか？
- なぜ円高だと問題なのか？

…etc.

▼

なぜなら……

「なぜ起こったか？」出来事の因果関係を思考

さらに思考を深め、「なぜ？」の理由である「なぜなら……」を導き出す。新聞などのニュースソースや参考文献にあたってもOK。あらゆる情報や考えを整理し、熟考することが思考訓練になる。

- 輸出業が好調だから……

→それだけなら戦後最高にならない。

- 政権が交代するから……

→今までにも同じことがあった。

日本ではなく、アメリカに原因がありそうだ。

思考の整理術

06

Thinking

自分の価値観を整理し
目標を明確にする方法

価値観マップ

価値感と目標を関連づけて、明確にする

知的生産研究家・永田豊志さん（P172にも登場）によると、将来の夢や目標は自分の価値観と照らし合わせ、関連性を持たせることが重要だという。各項目を線でつなぎ、つながりを視覚化するツールが「価値観マップ」だ。関連性が見えると、目の前の目標やタスクを「なぜやらなくてはいけないのか？」が明確化。やるべきこととやらないことを決められるほか、ゴールがはっきりすることで実現しやすくなる。

▶▶ なぜ箇条書きだとダメなのか？

将来の目標や夢を箇条書きにしていると、いつまでも特定の項目が処理されず、残ったままになったりしないだろうか？　それは、もしかすると必要のない目標設定をしているのかも。しかし、箇条書きだと関連性が見えないため、いつまでも目標として設定してしまうのだ。

●箇条書きにすると

□TOEICで900点とる
□ホノルルマラソンに出る
□いつまでも健康をキープ
□仕事を効率化する
□残業をしない

じつは「仕事の効率化」と「残業をしない」ことは同じベクトル上にあるが、箇条書きだとわかりづらい。

●価値観マップにすると

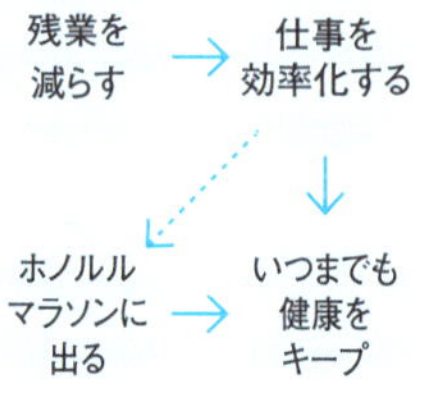

「残業を減らす」「ホノルルマラソンに出る」先に、「健康をキープ」するという同じ目標が。意外なつながりも見えてくる。

▶▶ 価値観マップの作り方

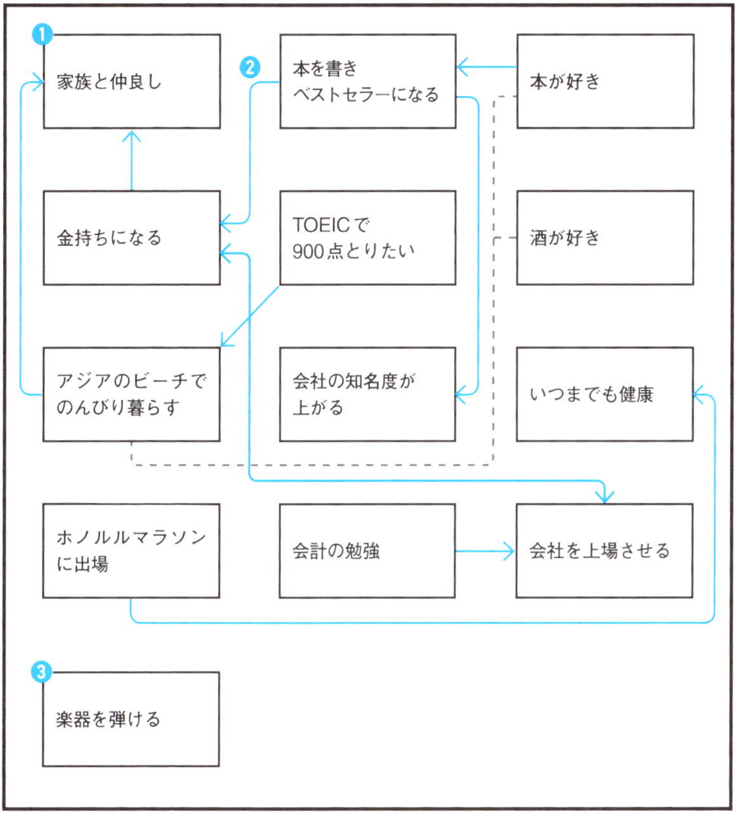

1 好きなことや望むことなど願望・目標を書き出す

数や内容に制限はない。思いつくままに書き出してみよう。「海が好き」などといった漠然とした項目でもＯＫ。

2 それぞれの項目を線でつなぐ

「金持ちになる」のは「家族と仲良く」したいため、「会計の勉強をする」のは「会社を上場させるため」など、各項目を線でつなぎ、関連付けする。ゆるい関連性は点線で。

3 線で結べない項目を見つけ、整理する

図解の長所は、線で関係性を表わせること。独立した意見も、線でつなぐことができれば一緒に進めていったほうがいい可能性もあるのだ。

思考の整理術

07
Thinking

決定に至る流れが視覚化でき
共通理解につながる

会議でも図解が効く!

図解で複数の考え方を共有・整理する

社内で、取引先で、日々行われる会議や打ち合わせでは、参加者全員がそこで決定したことを正確に把握することが重要。「会議中にホワイトボードなどに記録するなら、ぜひ図解の活用を」というのが、知的生産研究家・永田豊志さん（P 172にも登場）だ。決定に至るまでの思考の流れはもちろん、反対意見と賛成意見の違いなどが視覚化できるため、参加者全員の共通理解を得やすくなるためだ。

▶▶ 考え方を共有するのに図が向いている

発言順に時系列で記述していくと、さまざまな意見が混在してポイントを見失ってしまいがち。結局、何を話し合ったのかぼんやりしてしまう。一方、図で描くと物事の因果関係が明確になる。書記の力量にもよるが、なるべく図でまとめることを徹底してみるのも一案だ。

●時系列で箇条書きすると

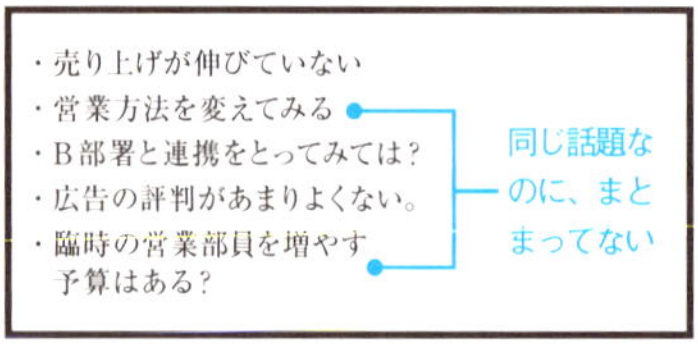
・売り上げが伸びていない
・営業方法を変えてみる
・B部署と連携をとってみては？
・広告の評判があまりよくない。
・臨時の営業部員を増やす予算はある？
同じ話題なのに、まとまってない

会議では話題が前後することも少なくない。時系列で書いていると、同一テーマ（営業の問題）に関する意見を分断して記述してしまう。

●図でまとめると……

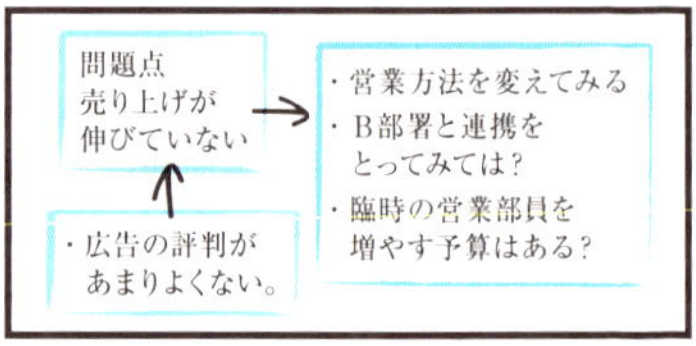
問題点
売り上げが
伸びていない
・営業方法を変えてみる
・B部署と連携をとってみては？
・臨時の営業部員を増やす予算はある？
・広告の評判があまりよくない。

それぞれの意見が有機的に結びつき、建設的な意見交換ができる。また、一見違う考えでもじつは同じ……といった意見にも気づきやすい。

▶▶ 会議で図を活かす方法

●新規プロジェクト会議の場合

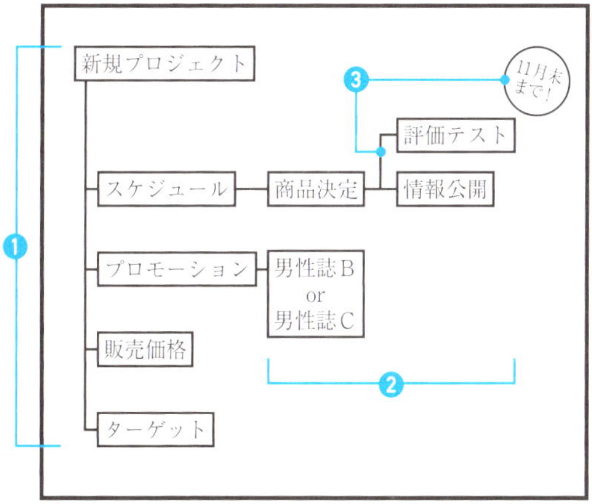

①

発言順にとらわれず内容によって記述する

どこの雑誌に掲載するかより、スケジュールやターゲットを決めることが重要。問題の大小を整理し、大きなテーマを目立つところに書く。

②

大きなテーマの下に付随する内容を書く

「プロモーション」という大きなテーマの下に、どこの雑誌を選ぶかといった発言を書く。さらにやるべきタスクなど、情報を階層で整理する。

③

線でつないだり、重要なことは◯で囲む

図解の長所は、線で関係性を表わせること。独立した意見も、線でつなぐことができれば一緒に進めていったほうがいい可能性もあるのだ。

私はこう使う

セミナー内容を図解で整理

山田博（28）営業

セミナーに参加すると箇条書きでメモしていましたが、なるべく図で書くように。さらにA４の用紙１枚以内と分量の制限をつけたら本当に大事な情報だけを整理できるようになりました。

思考の整理術

08
Thinking

思考の落とし穴にはまると
会話も通じにくくなる

説得力が高まる「3段階思考法」

思考不足は会話の説得力を奪う

商談やプレゼンなどで、「なぜか相手に話が通じない」「説得力が欠けている……」と感じたことはないだろうか？　自分では理路整然と話せているように思えて、こう感じるときの会話は、まちがいなく思考の落とし穴にはまっている。自分の意見や考えにとらわれすぎて、客観的な視点や分析が抜け落ちてしまっているのだ。

▶▶ 相手に通じる意見はどんな思考の流れから生まれるのか？

会話が通じない原因は「事実」と自分の「意見」しかなく、「論拠」がないこと。「みんなが言っているので、おすすめです」といった発言の「みんなが言っている」ことは、「論拠」ではなく「事実」。相手に通じる発言には、必ず「論拠」が必要だと心得よう。

●説得力が高まる思考の流れ

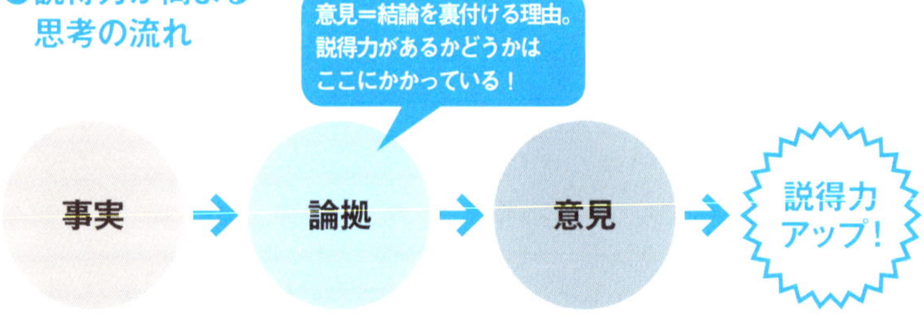

人は「意見」に「論拠」が加わって初めて腑に落ちる。しかし実際は、論拠や根拠が抜けていることが多い。それだけに思考を整理し「論拠」を導きさえすれば、格段に説得力が増す！

▶▶ 3段思考法は「事実」「論拠」「意見」で成立

会話の説得力を高める３段階思考の流れを、実際のシーン別に紹介。自分のふだんの物の考え方や話し方と照らし合わせてみよう。論拠を見出すために思考を整理する必要がわかってくる。

●社内で意見を通すとき

ライバル会社のA社が
IT事業を立ち上げましたし、　事実

IT事業部がないのは時代遅れ 。　論拠？

なので、うちの会社でもやるべきです。　意見

一見違和感のない意見に思えるが、「なので」の前後に因果関係はない。「Ａ社がＩＴ事業を立ち上げたこと」「世間で主流になっていること」は理由にはならない。

ライバル会社のA社がIT事業を
立ち上げましたし、　事実

IT事業部がないのは時代遅れ。
しかもうちの会社にはITエキスパートの
資格保持者が20人もいるので
活かさない手はありません。　ここが論拠

なので、うちの会社でもやるべきです。　意見

目の前の出来事や、新聞やニュース、本で入手したデータや知識などを「論拠」としがちだが、「事実」にすぎない。自社でもできる論拠を示すことで、判断しやすくなる。

●取引先に謝罪する場合

今回のミスは
大変申し訳ありませんでした 。
日頃から注意していたのに……。　事実

ですが、今後同じミスをしないよう
頑張ります。　意見

よくある謝罪の例だが、「意見」に対する「論拠」がない。日頃から注意していることは「事実」にすぎず、それに注意していたのになぜ？　今後も同じことが起こるのでは？と不信感につながってしまう。

今回のミスは
大変申し訳ありませんでした。
日頃から注意していたのですが、　事実

今後は締め切りを3日前倒しにし、
二重チェックをとります 。　ここが論拠

今後同じミスをしないよう頑張ります。　意見

この場合、今後の改善点を伝えることが今後ミスをしないための「論拠」になっている。

思考の整理術

09

Thinking

付箋に書いたメモを
入れ替えして考えをまとめる

付箋100枚思考整理法

悩みや目標は、紙に書いて整理する

仕事上の悩みや将来やりたいことなど、漠然とした事柄は、頭の中で考えてもうまくまとまらない。そんなときはノートや手帳に書き出すのが一番。だが、適当なところで考えを止めてしまわないこと。モヤモヤしているなら、それだけ複雑であり、深く思考する必要があるということ。考えをしぼり出し頭が空っぽになるまで悩んでみよう。

▶▶ 100枚書ききることで斬新な考えが！

悩みと解決策を付箋に書く場合、20枚ぐらいはラクに書けるだろう。しかし100枚となると……なかなか書けずに思考をフル回転することになる。「付箋100枚思考整理法」は、考えを限界まで突き詰めることで思考を整理し、斬新なアイデアを生み出す方法なのだ。

書き出さないと……

▼

頭の中だけでは考えがまとまらない

さまざまな考えが脳内をめぐるものの、新たなアイデアが浮かぶと同時に、前のアイデアを忘れてしまう……なかなか整理できない。

書き出すと……

▼

視覚化して、すっきり整理できる

付箋を100枚書き切ることで、考えが研ぎ澄まされる。並べ替えたり、見返したりして、さらに新しい発見もあり！

▶▶ 100枚付箋思考整理法のやり方

Step 1　仕事の悩みや将来の目標など、気になることを付箋に書く。

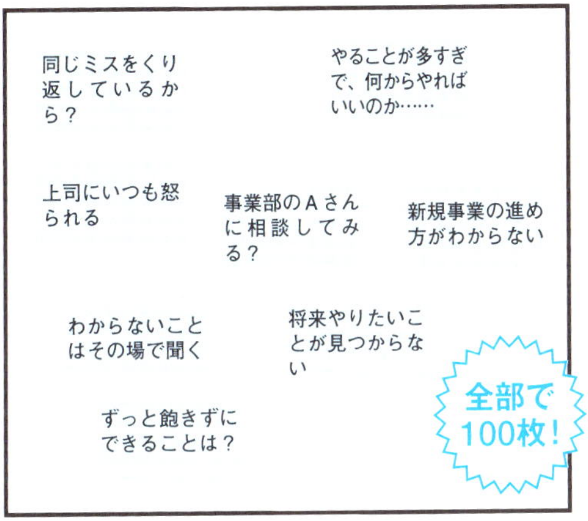
同じミスをくり返しているから？
やることが多すぎで、何からやればいいのか……
上司にいつも怒られる
事業部のＡさんに相談してみる？
新規事業の進め方がわからない
わからないことはその場で聞く
将来やりたいことが見つからない
ずっと飽きずにできることは？
全部で100枚！

1 考えや思いつきを100個付箋に書く

１枚につき１つの内容を書き出す。考えが浮かばなくなっても、頭をしぼって100枚を目指すこと。付箋の大きさや形はどんなものでもＯＫ。

2 書き込んだ付箋をノートに貼る

まずは大雑把に並べてみる。整理しようとせず、付箋の枚数をふやし、頭が空っぽになるまで、考えやアイデアを絞り出す。

Step 2　付箋を並び変えて考えを整理する

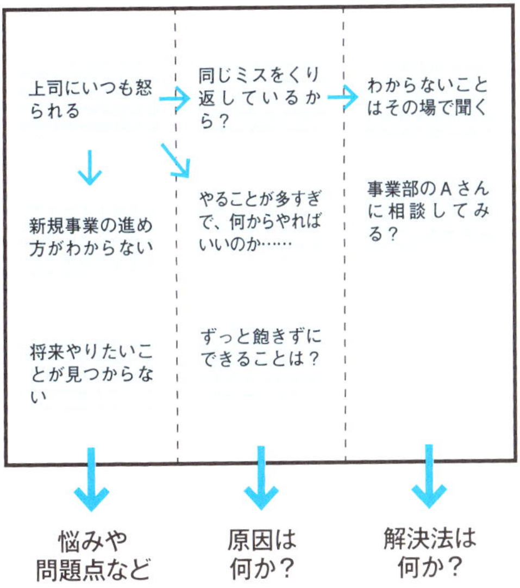
上司にいつも怒られる
新規事業の進め方がわからない
将来やりたいことが見つからない
同じミスをくり返しているから？
やることが多すぎで、何からやればいいのか……
ずっと飽きずにできることは？
わからないことはその場で聞く
事業部のＡさんに相談してみる？
悩みや問題点など
原因は何か？
解決法は何か？

3 関連性を考えながら付箋を並び変える

例えば「今すぐできること」「誰かに相談すること」など、付箋同士のつながりや関連性を見つけながら、ざっくりと分ける。

4 やるべきことを見極める

カテゴリー分けすると視覚的に整理され、やるべきことや優先順位も見えてくる。付箋だとつねに並べ替えできるので情報を更新しやすい。

思考の整理術

10

Thinking

考え方のパターンを知り
効率的に質の高い思考を得る

フレームワーク活用法

どんな事象もフレームワークで捉えられる！

「フレームワーク」とは、情報の分析や問題点の発見、戦略を立案する際に活用される“思考の枠組み”のこと。おもに、経営学者やコンサルティング会社などで用いられてきた思考ツールの一種で、あらゆる事象を特定の「型」にあてはめて考えることで、効率的に質の高い思考を得られると言われている。

▶▶ ビジネスに必要な思考力が高まる

フレームワークを取り入れると、思考の型にあてはめるだけなので即断即決でき、フレームが描けるようになる。つまり、しっかり理解している証拠なので、より論理的に捉えられるようになる効果があるのだ。ビジネスマンなら一度覚えて損はない。

●フレームワークを活用する前

多すぎる情報が整理できず、もてあます。また「好き、嫌い」など分析に自分の意見やこだわりが入り、正確な判断ができない。

●フレームワークを活用後

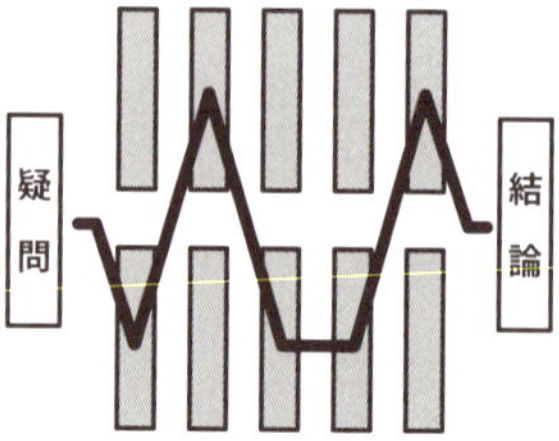

型にそって事実に基づき整理するだけ。主観が入り込まないので、論理的かつ客観的な分析ができるようになる。

▶▶ フレームワークの基本6パターン

現在のビジネスシーンでは、下の６つのフレームが多用されている。テーマに対してどの型がいい……などと決まっているわけではないので、さまざまな型を検証しながら、ビジネス思考力を高めよう。

ツリー型

ホームページなど情報の階層や組織図を整理できる。Aには結論や根幹の部分を。B、C、Dには理由や裏付け、支える要素などを記入。

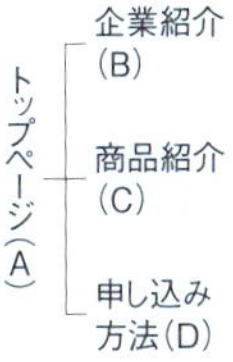

マトリックス型

異なる2軸の組み合わせで要素を整理する（P154参照）。例えば自社製品の販売戦略を立てるときに、「自社の強み」「市場の魅力度」の2軸で整理すれば狙うべき層が判明。

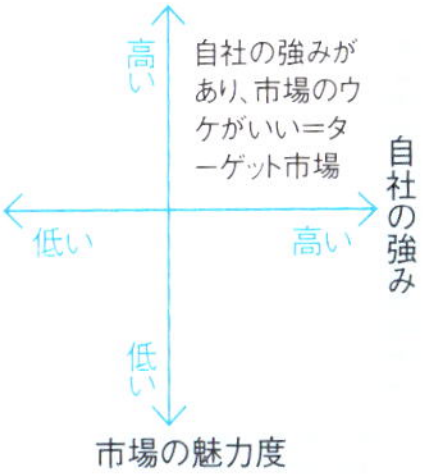

サテライト型

例えば「起業戦略の３つの基本」などといった、重要な複数の要素の相互関係を明示する際に使用。特定の要素を強調するのではなく、各要素は対等である。

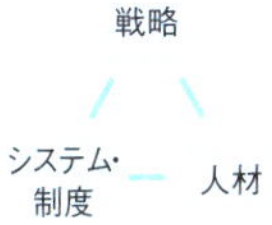

サイクル型

いくつかのプロセスの循環によって質を高める際に使用する。有名なものに、Plan（計画）、Do（実行）、Check（検証）、Action（見直し）を意味する「PDCA」の図などがある。

フロー型

行動や手順のプロセスと、左から右へ時間の経過を表わす。業務プロセスや消費行動の変化など、「時間」が関係する物事を整理するのに便利。

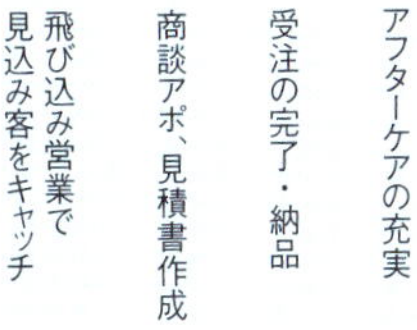

グラフ型

数量の大きさや数の大小など、数字データを正確に比較・検討したい場合に使用する。棒グラフや曲線グラフなど、形式はさまざま。需要と供給曲線などが有名。

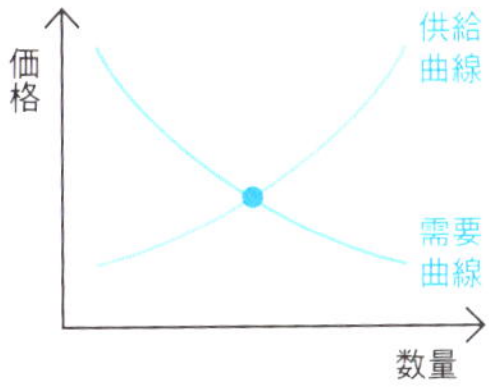

私はこう使う

フレームワークで図解に。ビジュアル化すると理解度が増す

斉藤和彦（34）ＰＲ

以前までは、議事録や今後の予定などを文字だけで記述していたが、フレームワークで表現するように。文字ではなく、１枚の絵のようにビジュアルで把握できるので、記憶に残りやすくなった。

思考の整理術

11
Thinking

問題はだらだら考えずに
考える期間を決めるといい！

「集中インプット」思考法

自分だけのオリジナルな考えが重宝される

自分の頭で考えたつもりが、書いていることや、話していることが新聞やテレビの受け売りになっていることはないだろうか？　もっともらしい意見には染まりやすいので注意が必要。ビジネスで抜きんでるには、オリジナルな考え方が必要であり、そのために「1次情報にあたり」「自分の頭で考える」ことを習慣づけたい。

▶▶ まずは1次情報にあたるクセをつけよう

「○○店が儲かっている」と新聞で読むのは、2次、3次情報と接していることになる。一方、実際にそのお店に行き、客層や価格帯などを観察して得るのが1次情報。労力を使って情報を得て分析していくと、世間にはない情報にたどりつける。

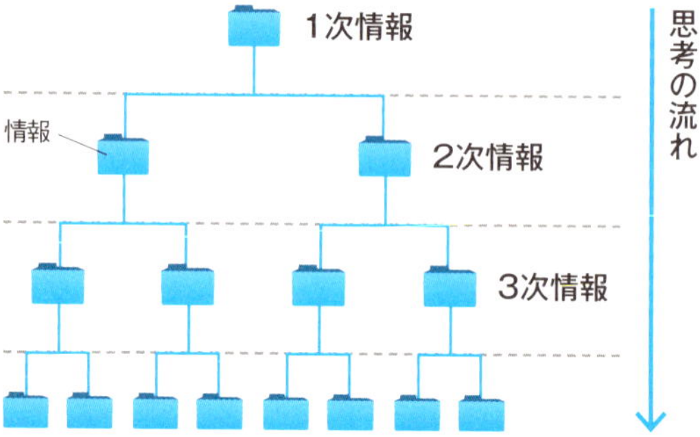

2次、3次情報が多いとツリー型になる

1次情報が少なく、誰かに整理された2次、3次情報中心の情報収集は「ツリー型」。この場合、簡単に分かりやすい情報が手に入る替わりに、誤った情報や人の意見に誘導された考えを持ちやすくなる。

▶▶ オリジナル思考をもてるようになる2つの方法

1 1次情報にあたる

「ツリー型」に対し、原典である1次情報を中心に据え、そこから思考を深めていくのが「ろうと型」。自分の目で体で確認しているので、世の中にあふれるノイズのような情報に惑わされにくくなる。

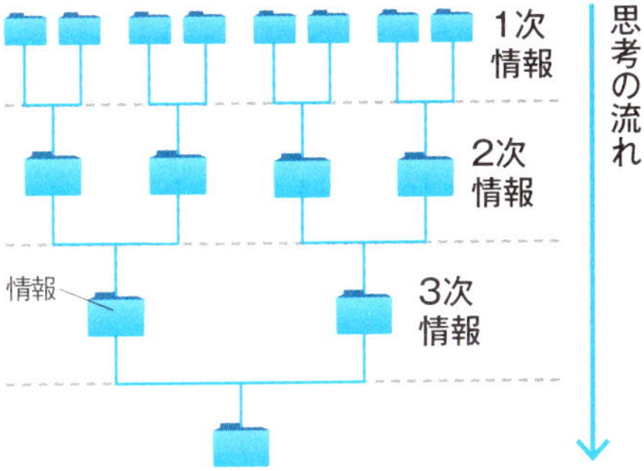

2 集中インプットで脳を効率的に使う

最初に大量の情報をインプットして考えたほうが、質の高いアイデアが得られる。なぜなら、比較検討する基準が増えるため。「情報の集中インプット→脳を休める→脳の自動整理」の流れが作れるようになろう。

GOAL

無意識下で
脳が答えを
導き出す

思考START

3日～1週間目

頭の中に出来る限り情報をインプットする

本を調べる、関係部署に直接聞くなど、1週間あらゆる方法で情報収集し、ノートに書き出す。書き出す＝思考にもつながり、期限を決めることで集中力も高まる。

2週間目

考えることをやめる

1週間徹底的に考え抜いたら、考えるのをやめる。これは頭を休めるために必要な時間。ずっと考えていると脳が疲労してしまうのだ。

2週間目以降～

脳が自動的に情報を整理し考えを導き出す

脳には自動整理機能があり、睡眠中など脳を休めている間に記憶を整理・定着させている。メリハリのある脳の使い方をすると、頭が冴え、自然に考えもまとまる。もし答えがでなければ、再度集中インプットに戻ろう。

達人活用術 05 思考の整理術 Thinking

図解化すると足りない情報が明確になりアイデアも生まれる

知的生産研究家 **永田豊志さん**

PROFILE

ショーケース・ティーヴィー取締役COO。リクルートで新規事業開発を担当し、グループ会社のメディアファクトリーではコンテンツビジネスを手がけ、現職に。新しいwebサービスの開発に携わる。図を用いて考えを整理する『頭がよくなる「図解思考」の技術』『プレゼンがうまい人の「図解思考」の技術』(中経出版)がヒット。

Webサービスの開発や知的生産の技術を研究する永田豊志さん。日々新たなアイデアを生み出し形にするコツは、あらゆるメモや記録を「図解」にして、考えを整理することにあります。

「箇条書きだと話が飛ぶと、関係性や流れが不明瞭に。矛盾にも気づけません」(永田さん)

複雑そうな図も細分化すれば、「四角形」と「矢印」でできているため絵心はいらない。

「図にすると物事の関係性が明確になり、後から情報を加えても整理しやすいんです。線のつながりが悪い場合は、その間に不足している要素があるということ。また、良質なアイデアは、さまざまな要素が結びついて生まれます」

達人のココが使える!

① アイデアメモから会議の記録まですべて図解

話を聴きながらリアルタイムに図解化する「図解通訳」の方法を考案するなど、さまざまな事柄を図解で整理。とくに会議の議事録を図でまとめると、参加者全員の共通理解につながりやすくなったそう。

② 情報の共有に図解を活用

ビジネス書を読んだ後、その内容をスタッフや友人と情報を共有したい場合には1枚の用紙に要点を図式化する永田さん。図解だと読んでない人にも展開がわかりやすく、書くことで自分自身の理解も深まる。(詳細はP162～に)

整理術 1 図解で考えをまとめる

箇条書きや単なるメモをやめると理解度が増す

ビジネスシーンはもちろん、自分の考えを整理したいときすべてに「図解」は使える。下は、さまざまな「気温」を表わす英単語を日本語と対応させて整理した図。どのような気温のときに、どの英語表現を用いればよいかという迷いが、図解によって解消されている。

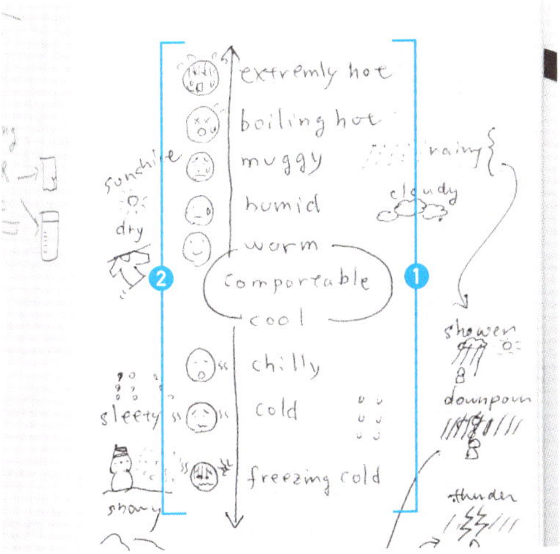

1 英単語を書き出す

気温や体温など、“度合い”を表わす英単語の種類、言い回しは豊富。まずは思いつくままに、上から“熱い”順に英単語を書き出してみる。

2 日本語と対応させる

「hot」と「warm」は同じ“温かい”だが意味は異なり、どちらの単語を使えばいいか迷ってしまう。それぞれに対応する日本語やイラストを当てはめて図解化しておけば、このような微妙なニュアンスもすっきり整理される。

My Favorite

持ち歩けて制約のない文庫本サイズのノートを愛用

永田さんは手帳を持たず、持ち歩くのは文庫本サイズのノートのみ。携帯しやすく、電車内でも片手で持って書き込めるところが気にいっているそう。また、罫線があると多彩な図解を書くストレスになるので、無地を使う。

コクヨの文庫本ノート（無地）は、リーズナブルでどこでも手に入りやすい。

整理術 2 図解化できる簡単なコツ

図解は四角形と矢印で成り立っている

「どんなに複雑そうに見える図解も、基本は四角形と矢印で構成されている」と永田さん。とくに矢印は、物事の順番や流れ、物事の関係性など、さまざまな事象が図解化できるそう。使用パターンを下に紹介したので、慣れてないうちはシンプルな図解化から始めてみよう。

●モノの「交換」「移動」を表わす

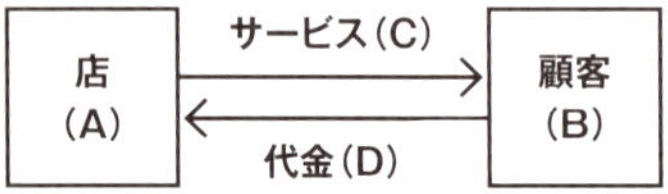

「指示を与え、報告を受ける」「物品を渡し、代金を受け取る」といった、AとBの間で行われる交換や移動を表わすときに使える図式。

●「強調」や「対立」の関係を表わす

「営業提携」「競合」といった業務から、「親子」など人と人の関係性まで、「強調」「対立」を表わせる図式。家系図や相関図もこの一種。

●線の太さで力関係を表現

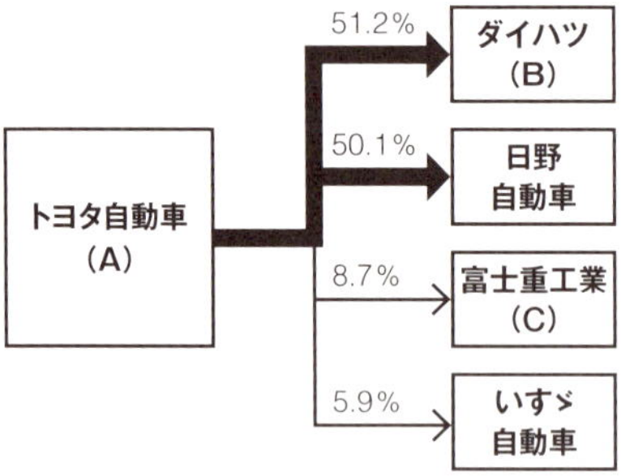

出資比率など、AからBに提供するものが、Cよりも「多い」「強い」ことを線の太さで表現。本筋を「太く」、派生する動きを「細く」など。

●予定や見込みは「点線」で表現

将来生まれる予定や関係性など、まだ起こっていないことは点線を活用。これで仮の動きや関係性も、現在と一緒に1枚の図解にできる。

整理術 3 会議内容を図にする

情報をインプットしながら図解化する「図解通訳」

会議や商談の内容も図解記録するという永田さん。流れに遅れず、正確な図を書くコツは事前の準備にある。とくにどんな形状の図を選ぶかが肝になるため、テーマや内容、目的を事前に確認しておくことが重要だそう。そうすることで、会議が本筋から逸れたりした場合にもすぐに気づいて方向修正できるほか、ムダに記録する手間も省ける。

永田さんの会社は壁そのものをホワイトボード化している。

●会議内容を図解化するポイント

1 聞いたはしから すぐに書かない

口述筆記のようにそのまま書くのではなく、発言の意味をまとまりで理解してから書く。すべてを記録しようと意気込まないこと。

2 誤字脱字は 気にしない

図解化している間にも、会議は進行していく。誤字や脱字があっても後で修正するつもりで。既知の事実や基本的な情報もあえて書かない。

3 ヌケやモレを補う

完成後にヌケやモレがあれば質問して、補強する。各要素のつながりが悪い場合は、詰めるべき内容や不足している情報があるということ。

My Favorite

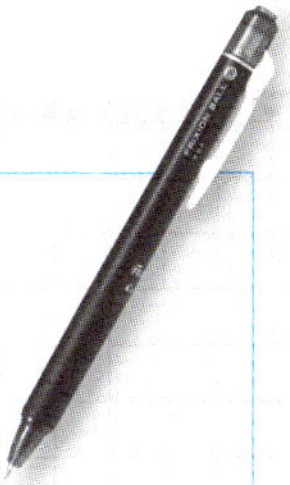

ペンの頭についている専用ラバーで文字をこすると、温度変化によって文字が消せる。210円。

消せるペンを使えば 間違いも怖くない!

図解を書いている最中は何度も書き直すため、永田さんは“消せるボールペン”のパイロット「フリクションボール」を使用。0.5ミリだと文庫本サイズにも書きやすく、間違って修正液を使い、用紙が盛り上がってしまうストレスもない。

COLUMN 6 人生を快適にする「整理術」

空前の「整理術」ブームと言えるだろう。なぜ、そこまで整理しなくてはならないのか？　それは、価値観が多様化してきたからに他ならない。「○○していれば大丈夫」というモデルがなくなってしまって、誰もが不安に思っている。今まで必要なものがいらなくなってしまったり、新たに必需品といわれるものが登場してきたりしているのだ。

IT技術が進歩して、仕事のスタイルも激変した。経済が停滞して、これまでの将来設計が実現できなくなった。時代の変化のスピードが加速度的に速くなって、ついていくのがやっとという人が多くなっているのだ。だからこそ、いらないものを捨て、いるものを整理する「整理術」が求められているのだ。

本書はビジネスにおける「整理術」を解説しているが、それぞれのメソッドを突き詰めていくと、人生そのものの意義を問うこともできるようになる。自分にとっているものといらないものは何か？　やるべきことの優先順位は？　マイナス思考をプラスに転じるには？

「整理術」を極めることで、ムダな時間や労力をかけない生き方を実践できるようになるだろう。

6

整理がはかどる

おすすめ整理グッズ

書類から小物類、名刺、カバンの中まで
整理するために活用できる文房具を紹介。

Goods 01 書類の整理

これは使える！ 機能性と発想に富んだおすすめグッズ

もう書類を探さない、なくさない！

がばっと1000枚収納できる大容量2つ穴ファイル

ガバットファイルVA（活用タイプ・紙製）
コクヨS&T／420円

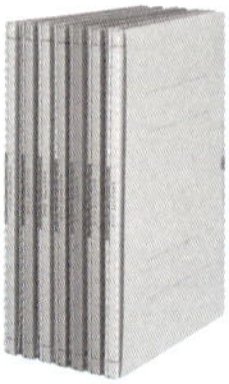

普通紙1000枚収納可能。2つ穴とじ具は片手ワンタッチで開閉できるのがとても便利。表紙の紙板は2枚重ねだから丈夫。色は7色から選べる。

POINT
（小分けにしなくても、必要な書類は全部まとめて入ってしまう）

とじ足の長さはそのままの状態で8cmあり、さらにストッパーを外してひっぱり出すと最大で10cmまで広げられる。

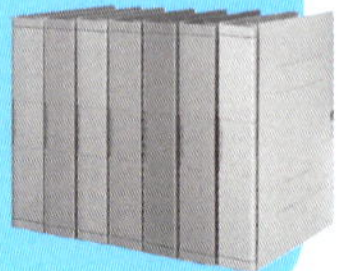

必要な時にすぐ取り出せる領収書専用ファイル

領収書&明細ファイル
コクヨS&T／682円（24ポケット）

頻繁に出し入れが必要なためシートは厚手で丈夫。各ポケットにはフタがあるので中身の紛失を防げる。1冊でちょうど1年分が保管できるデザイン。

社外持ち出し用にデザインされたスタイリッシュな封筒ファイル

フォリオフォルダー
モレスキン／2,100円

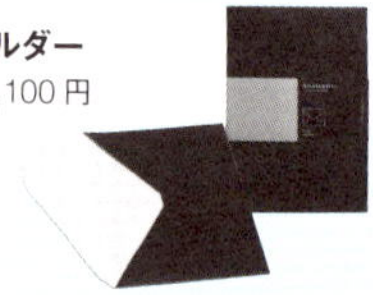

おしゃれで上品なモレスキンの封筒型ファイル。そのまま持ち運べるので、書類を取り出してクリアファイルに入れ替える手間がかからない。

取っ手付きで引き抜きやすいチューブファイル

取っ手付きチューブファイル <エコツイン>
コクヨS&T／945円

指を全く入れられないくらい詰まった棚からでも、取っ手がついているから楽々取り出せる。ロックで表紙を固定すればすっきりとまとまる。

2つ穴リングにレバーが付いて軽い力で開閉が可能に

レバッチファイル
コクヨS&T／966円

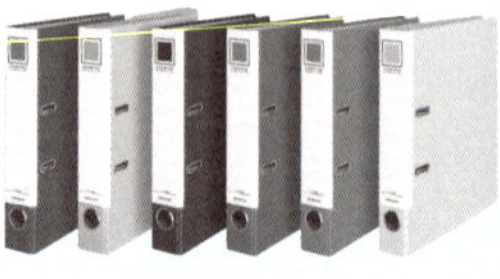

リングファイルはどの位置にある書類でも簡単に抜き差し可能。使用頻度の高い書類の保管に最適。レバー開閉で作業効率が格段にアップ。

分ける・しまう・持ち運べる 取っ手付きボックスファイル

デジャヴカラーズ ボックスファイル 取っ手付き
プラス／525円

可動式の取っ手が付いたボックスファイル。必要がない時に取っ手は収納でき、仕切りとして重宝する。書類の配布や収集時に大活躍。

蛇腹式のレシートホルダー とりあえずの保管場所として最適

レシートホルダー
ハイタイド／630円

7つのポケットで区切られ、レシートをもらったその場でレシートを分別保管できる。長財布のようなオシャレなデザイン。

クリアファイルとリングファイルを あわせた多彩な機能

多機能フラットファイル　見･分･録（けんぶんろく）
プラス／オープン価格

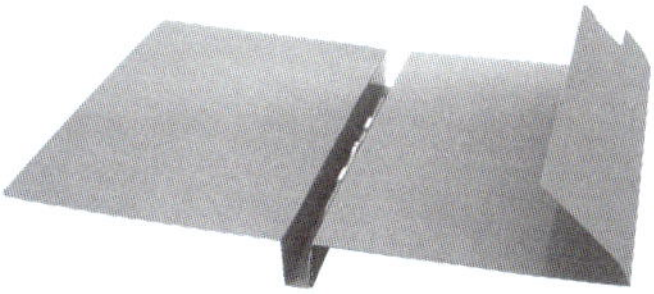

裏に付いている折りスジを使うと片手でファイルを持ちながら閲覧がしやすい。ラミネートされているので水にも強く、外作業でも活躍できる。

POINT
（綴じる、挿む、作業するが これ1つで完璧に！）

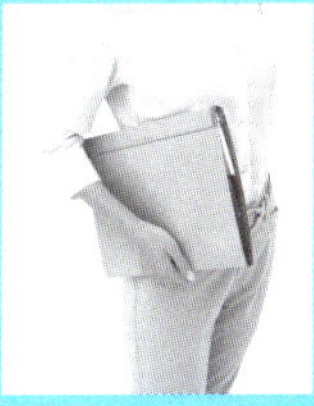

ポケットのフタのような“フラップ”が付いていて、ノートをはさむにもファイルの中身を保護するにも便利。しおりとしても使える。

長期の保管に最適な フタ付きのボックスファイル

ファイルボックス-FS フタ付き
コクヨS&T／661円

スタンダードなデザインだから使いやすい。中の書類にゴミやほこりが入らないようフタをかぶせれば長期保管もOK。インデックス部分が広いので詳細まで示しておける。

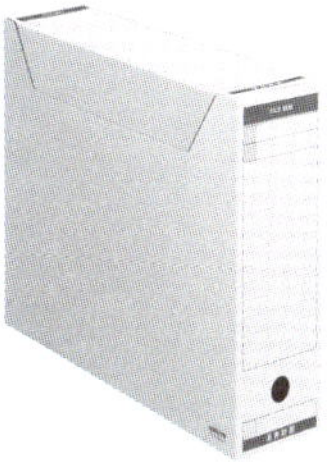

必要な時になかなか見つからない 保証書や取扱説明書をまとめる

スキットマン　取扱説明書ファイル
キングジム／682円

取扱説明書が入る厚めでマチ付きのポケット、そして保証書やCD-ROMが入るミニサイズのポケット付。1つにまとめられるから整理上手に。

背幅がかさばらず ピタリと引き締まったファイル

クリヤーブック〈ノビータ〉
コクヨS&T／367円（20ポケット）

書類の量に合わせて背幅が並行して変わるのでかさばらず、無駄なスペースを作らない。容量に応じた最小限の幅で収められる。

POINT

（最薄からの膨らみ具合にびっくり!）

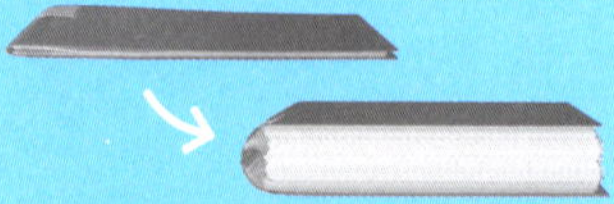

5mmの薄さから、中身が増えると背幅が最大4cmまで広がる。ファイルが膨らむことがないので表紙がぴったりと閉まる。

POINT

（サイズ違いを並べてもオシャレに賢く収納）

小物でも書類でも、入れる大きさによって使い分けできる。ミニサイズには仕切りがついていて、ハガキサイズがぴったり。

タイトル差し替えの面倒がない インデックスクリップ付き

TOTONOE クリップボックス
TOTONOE／1,680円〜

紙やプレートをクリップにはさむだけなので使いやすくて簡単。再利用を考えたらボックスのタイトルを書き込めない……という不便がなくなる。

よくページをめくる資料に最適 とにかく丈夫なインデックス

インデックス カバーオン® タイプ
エーワン／262円

インデックスに透明保護カバーが付いているので汚れや傷を防ぐ。接着面積が広く、貼ったページが破れにくいよう開発された新形状のインデックス。

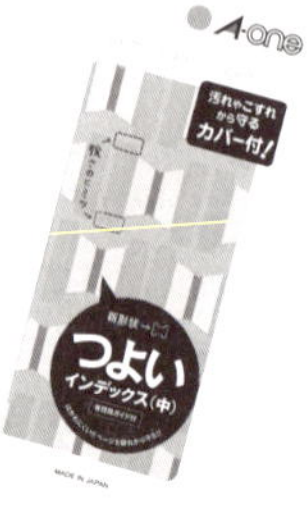

きれいにはがせるので何度も 使える便利なラベル

マイタック®ラベル　リムカ® ML-RA4
ニチバン／735円

フリーサイズで、好きな形に切り取れ、細長い見出しラベルから、大きい説明書きラベルまで対応。貼り替え自由で何度も使える。

とじるだけで同時に見出しになるクリップ

パレットデミクリップ

東急ハンズ渋谷店／315円（10個入り）

クリップにインデックス部位が付いているから1つ2役。油性ペンで見出しを書いても消しゴムで消せるので何度も使える。

書類整理の基本はやっぱり番号付けから

特殊ラベル白光沢紙　数字（1～100）

エーワン／315円

書類をナンバリングするのに便利な1から100の数字が印刷されたラベル。色の種類も豊富なので、色と数字で見やすく分類することができる。

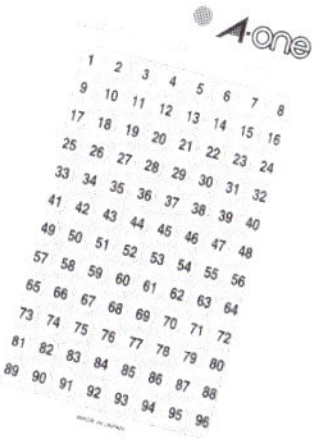

罫線入りのノートパッドで図や文章を貼りつける

フォリオ付箋セット

モレスキン／945円

小さな付箋だと書ききれない時にこのノートパッドが最適！　無数の小さな付箋よりも大きく1枚にまとめたいToDoリストに最適。

開封したら跡が残るからどんな機密情報でも守れる

セキュリティラベル角シルバー

ホースケアプロダクツ／367円

個人情報等を保管するファイルなどに貼ると便利な特殊なラベル。剥がすとラベル上に文字が浮かび上がり痕跡が残るので、二度貼りやはがしたラベルの転用を防止する。

面倒なパンチ穴の補強が素早く手軽に押すだけ

ワンパッチスタンプ

コクヨS&T／420円

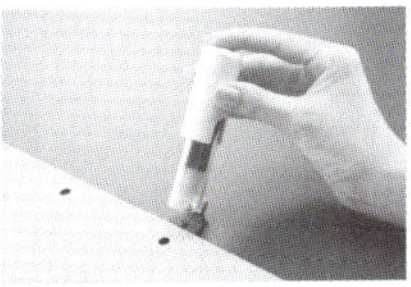

資料のファイル穴を簡単補強。面倒な穴の位置合わせは突起部分に引っかけるだけでかなり正確、ずれる心配もない。

POINT

ぴたりと貼れて、もう破れる心配なし

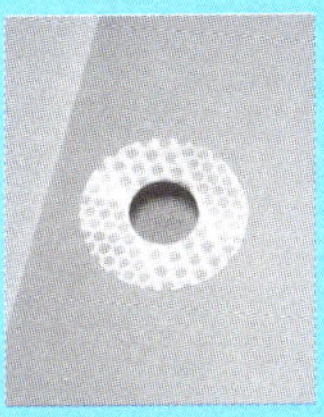

シール部分は透明で、下の文字を隠してしまう心配なし。詰め替え用の補強シールは筒型なので入れやすい。

どんなラベルでも これ1つでまかなえる

テプラ PRO SR950
キングジム／41,790円

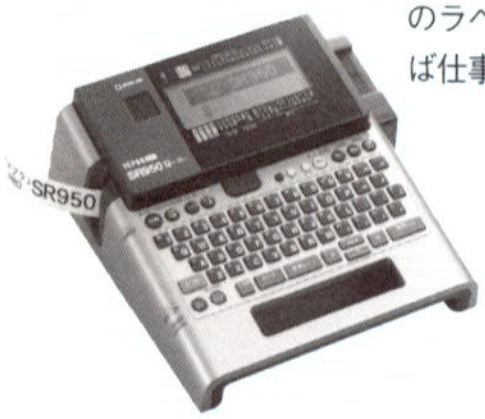

取引先の宛先や自分の名前のラベルを作り置いておけば仕事効率がアップ。ビジネスシーンで使用頻度が高い外国語の定型文も内蔵されている。

日付を合わせる必要がなく 素早く捺印できる

スグオシ
キングジム／12,600円

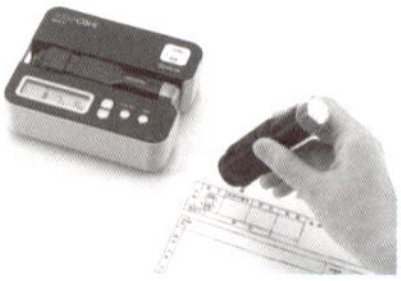

スタンプ本体はスタンプ台を使うゴム印で従来の日付印と同じ使用感。自動日時更新なので日付間違いを防ぎ作業を効率化。

針なしステープラー 分厚い書類を同時にとじられる

ハリナックス（2穴タイプ）
コクヨS&T／5,775円

針を取る必要がないのでそのままシュレッダーにかけられる。2か所留めと同時に2つ穴が開くのでゴミの出ないパンチとしても使用できる。

POINT
（ハンドルでがっちりとじる クセになる感覚）

手にフィットするハンドル式。とじる前にとじ穴の位置を確認できる透明の位置確認ゲージ付きなので失敗しにくい。

POINT
（おもしろいくらいに軽く 淡々と穴を開けていく）

従来の半分の力で穴が開けられるパンチ。女性でも座ったままで作業できる。紙の入り口が斜めになっているのでスムーズに入れられる。（写真はMサイズ）

ぶ厚い書類も 座ったまま楽々穴が開けられる

フォース 1/2
プラス／Sサイズ 735円／Mサイズ 1,575円／Lサイズ 2,310円

ロックピンを押しながらハンドルを下げるとロックがかかり、コンパクトに収納できる。穴あけ枚数15枚・30枚・50枚で選べる3サイズ。（写真はSサイズ）

Goods 02 デスクの整理

これは使える！ 機能性と発想に富んだおすすめグッズ

人目につくデスクだからこそ、脱・乱雑！

コンパクトに収納できる キャスター付き折りたたみ式ラック

折りたたみファイルラック OFR-402

アイリスオーヤマ／ 7,300 円

折りたためるのでコンパクトに収納でき、移動に便利なキャスター付き。ファイル受けは傾いており出し入れしやすい。

机の引き出しスペースが ファイリングキャビネットに

ハンギングフレーム A4-HF 用

コクヨS&T／ 3,622 円

別売りのフォルダを付け足していくことで大容量の資料が保管できる。フォルダはサイズや形が多様にあり、小物やレシート類も収納可。

正方形なのでどの方向でも使えてぴったり納まる

katazuk《かたづく》 引き出し収納ボックス 15cm角

カウネット／ 278 円

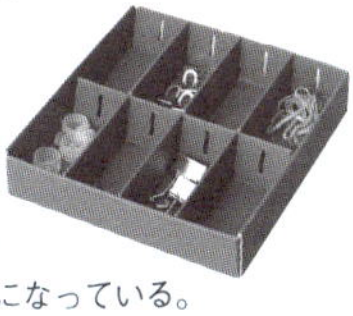

仕切り部分が少し斜めになっているので、クリップなどの小さな物をスライドさせて取り出しやすい設計になっている。美粧ダンボール製で丈夫。

POINT
（ごちゃごちゃする小物は まとめて引き出しへ）

A4サイズ（478円）と合わせることで、引き出しにちょうどの形に。仕切りを組み換えられさらに便利。

POINT
（大切なものは全部まとめて 鍵付きボックスに入れてしまう）

しきりは自由に組み替えられるので、USBメモリのほか、大切なパソコン周りの小物を一緒にまとめられて便利。

USBを整理して安全に保管 大切なデータを守る

スチール収納 BOX SKB-7000

カール事務器／ 2,940 円

数が増えるとついつい乱雑になってしまうメモリカードなどの整理に最適。鍵付きで丈夫なスチール製なので中のデータが安全。

好きな形にカスタマイズできる透明引き出しトレー

PP デスク内整理トレー
無印良品／ 120~220 円

4つのデザインを自由に組み合わせれば引き出しのサイズにぴったりのトレーができる。透明なので底に何が入っているか一目瞭然。

回すと必要な分だけが出てくるおもしろクリップケース

クリップケース GC-100
カール事務器／ 892 円

キューブを回転させると取り出し口のマグネットリングにクリップが集まる。容器の内側は2つに分かれており、クリップの種類別に分けられる。

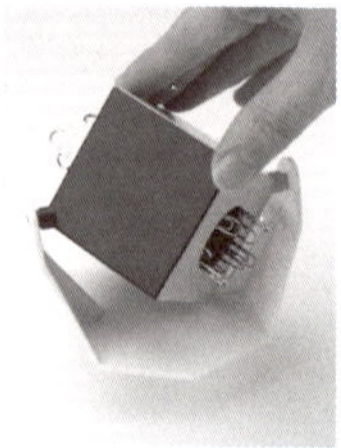

クリップを投げ入れてもキャッチしてくれる優れもの

クリップキャッチ
ハコア／ 3,150 円

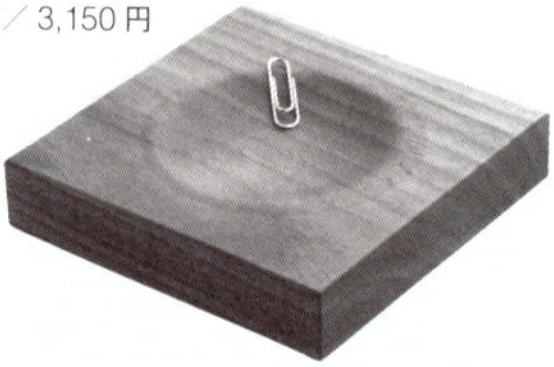

木製のおしゃれなクリップトレー。真ん中のへこみ部分の内部にある強力磁石が小さなクリップを寄せ付けて離さない。もう散らかる心配なし。

POINT
クリップが増えるほど華やかな飾りになっていく

クリップの数が多くなっても磁力が伝わって、まとまりは崩れない。デスク上のオブジェにも!?

ティッシュのように1枚ずつ引っ張り出せるポスト・イット® ノート

ポスト・イット®　強粘着ポップアップノート
住友スリーエム／ 598 円

専用の容器はデスク横やパソコン付近などすぐに手が届く所に固定できる。ペン立て付きなので必要な時に片手でも付箋をさっと取り出してメモができる。

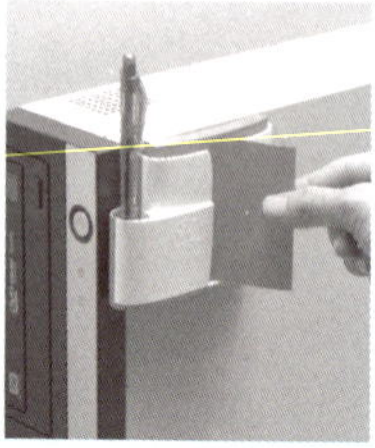

必要な時に必要な分だけカットできる付箋紙

ロール付箋紙
無印良品／ 200 円

好きな長さでカットできる、セロハンテープのようなロール付箋紙。全面が接着部分なので、全面がピタリと貼れて、はがれにくい。

注目を集めるスタイリッシュなハンギングホルダー

LEITZ X フレーム
エセルテジャパン／ 3,990 円

140年の歴史を誇るヨーロッパを代表する文具ブランドLEITZのハンギングフレーム。カラフルでポップなデザインが職場の雰囲気を華やかに。

A4 サイズにぴったりシンプルデザインのレターケース

レターケース LCE-4D
アイリスオーヤマ／ 1,580 円

上面にくぼみがある構造になっていて、A４サイズのファイルや文具が転がり落ちず置きやすい。分類に便利なインデックスラベル付き。

グラデーションカラーで無意識に整理する癖を

デジャヴカラーズ ボックストレー（3 冊パック）
プラス／ 819 円

グラデーションカラーで3つセットになっている。付箋など目印がなくても色合いの違いで無意識に順番通りに整理したくなる優れもの。※単品（1冊）もあり。

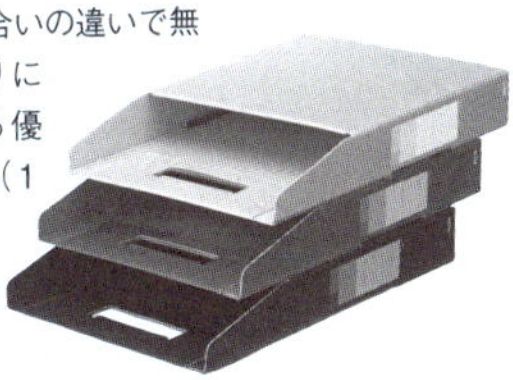

POINT
つなぎ方を変えれば縦でもスマートに収納可

A4サイズのボックスは、書類の整理に最適。縦に並べても横に平積みにしてもきれいですっきり整頓できる。

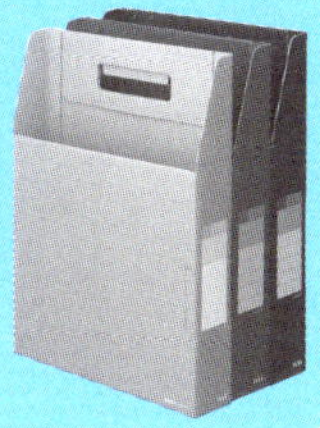

POINT
鍵のようなギザギザにしっかりひっかけて固定

凹凸部分の幅を活かしてCD-ROMや文庫本を立てるのにも使える。2つ、3つと組み合わせて並べれば用途が広がり、見栄えも良い。

凹凸だからしっかり固定ずれにくいブックエンド

キーミニラック NO.255
カール事務器／ 210 円

凹凸を連結させてピタリと固定できるので今までのように重い本を置いてもずれにくい。移動幅も自由自在に変えられる。

1本ずつ立てられる ジャストサイズの紙製ペン立て

katazuk《かたづく》 かたづくペンたて
カウネット／500円

丈夫でシンプルなダンボール製ペン立て。ペンが1本ずつ入るサイズの仕切りやホチキスサイズの仕切りがありカスタマイズできる。

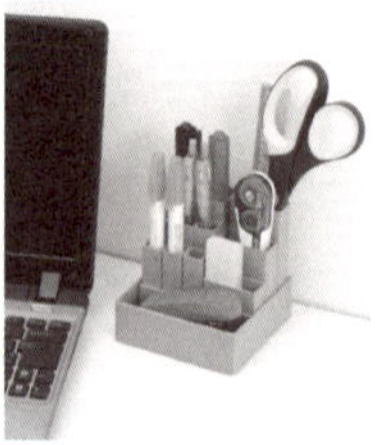

デスク周りで絡まっている 邪魔なコードを口に押し込む

グレートボールズオブワイヤー
マークスインターナショナル／525円

弾力性のあるコロコロとした可愛いボールが、1.5mまでのコードを床の上でもデスク上でもパクリとくわえて整理してくれる。遊び心のある収納グッズ。

POINT
機能性とデザイン性あり デキる人のペン立てが登場

従来の筒型ペン立てだと雑然と置かれていたペン立てに比べ、ペンそのものの存在感を引き立てるという新しい発想。

デザイン性に富んだ さし穴だらけのペン立て

ペンスタンド・ムース
Interior&Products Buk／1,890円

無造作にそのまま置いてもオブジェのようで美しい。ペンをさしてもインテリアの一部のよう。さし穴が多く、機能性デザイン性共に優れている。

デスクにすっきり収まる 個人用ミニシュレッダー

バイバイハンディシュレッダー
ユエント／3,675円

手動なので音が静かで、安全。コンパクトだけれどレシートからA4サイズまでスルスル入り、クロスカットなので一度でしっかり処理できる。

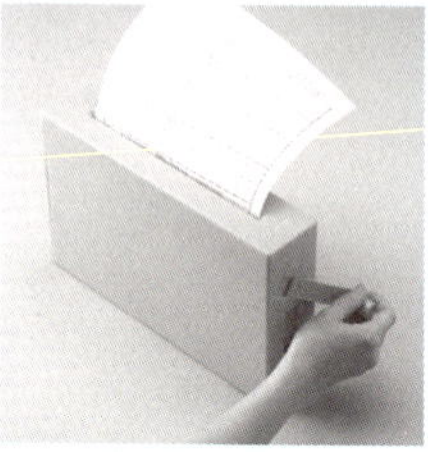

POINT
デスクで出た書類はその場でシュレッドしてごみ箱へ

ハンドルをしまって本棚に置いておけばそれがシュレッダーだとは誰も気づかないほど調和する。収納場所を選ばない。

Goods 03 カバンの整理

これは使える! 機能性と発想に富んだおすすめグッズ

仕事ができる人を連想させるカバンへ

散らかりがちな名刺やカードをスマートに持ち運べる

TOTONOE カードホルダー

TOTONOE／20 ポケット 840 円、60 ポケット 1,260 円

持ち運びにも便利なスマート設計のカードホルダー。名刺のほか、病院の診察券やポイントカードなど散らかりがちなカードを１つにまとめられる。

POINT
（必要なカード類をいつでも整理整頓）

薄いからカバンに入れても邪魔にならない。必要な分をまとめて持ち運べるからいつでも整理整頓できる。

しっかり閉まるマグネット式 ビジネスでも旅行でも携帯に便利

アドワンマルチケース

セキセイ／A5サイズ 294 円、A4サイズ 378 円

マグネットで簡単に開け閉めできる書類ケース。両面に透明ポケットがついていてスケジュールシートを入れたり好きなカードを入れて飾れる。

POINT
（封筒型ファイルには珍しい外クリアポケット付き）

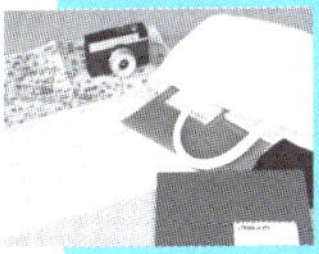

大きさはＡ５とＡ４サイズの２種類で、用途に応じて使い分けできる。裏側は全面ポケットになっていて大きな書類も出し入れしやすい。

大きな 13 ポケットに収納すれば雑多なものもラクラク分類可能

エキスパンディングファイル

ビュートン／ 1,029 円

仕切りがカラフルで 13 のポケットに分かれている、おしゃれなＡ４サイズのファイル。インデックスに使用できるカラフルなシール付き。

これだけ持てば OK のとっさのアイテムをまとめる

ビーボップオーガナイザー

エセルテジャパン／ 1,218 円

ノートとペンを真ん中に、名刺入れや CD-ROM を入れる透明ポケットが右側に。クリアファイルも付いているので必要書類も一緒にしまって持ち運べる。

細かな分類も整理も不要 なんでもこれ1つにまとめるだけ

プレスティージ　プロジェクトファイル
エセルテジャパン／945円

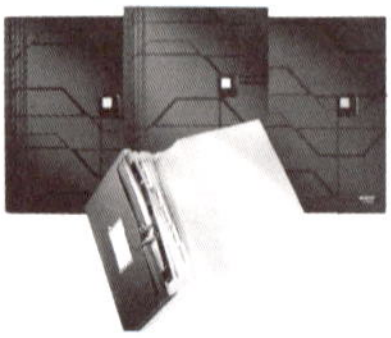

「プロジェクトをまとめて持ち歩こう」というコンセプトから生まれた人気のファイル。ビジネスシーンにぴったりな落ちついたデザイン。

優れた機能性とデザインで どんな場面でもお役立ちファイル

5ポケットクリアホルダー
デザインフィル　ミドリカンパニー／441円

1つのクリアホルダーの中が5つに仕切られているので書類の分類や仕事の案件ごとのファイリングにおすすめ。大人キレイなデザインが◎。

中に入れた資料をクリアに見せる 限りなく超高透明なファイル

高透明クリヤーファイル
セキセイ／10ポケット357円、20ポケット504円

限りなく透明なポケットがついて中に入れた資料をくもらせず、美しく見せることが可能なファイル。ビジュアルで訴えたいプレゼン資料や写真などを入れるのに最適なA4サイズで使いやすい。

POINT

大切な資料もクリアに訴えて どんなプレゼンも勝利!

ビジュアルで訴えたい重要な会議のプレゼン資料はクリアなファイルに入れて勝ちにいく！　驚きの透明度で説得力がアップするかも？

さまざまなシーンにあわせ 気軽なセキュリティが可能に

カモフラージュホルダー
プラス／A4 1枚84円
5枚パック367円

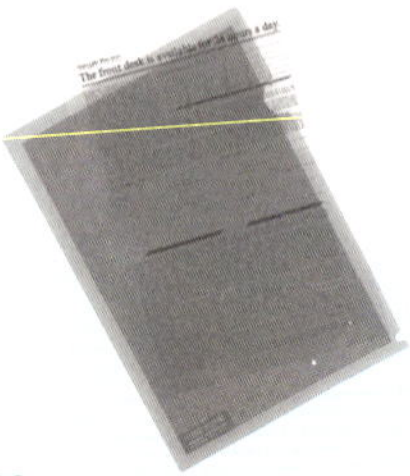

独自のカモフラージュパターンが印刷され、はさんだ書類の分別がつきながらも詳細をぼかし情報を保護するすごいファイル。(ピンク、ブルーなど6色展開)

書類をしっかり保護してくれる スーパーハードなホルダー

スーパーハードホルダー
5山インデックス透明（マチ付）
キングジム／273円

カバンの中に入れてもスリムでたわまないから持ち歩きに最適。通常のクリアホルダーの3倍の厚みがあるから下敷きボードにも。

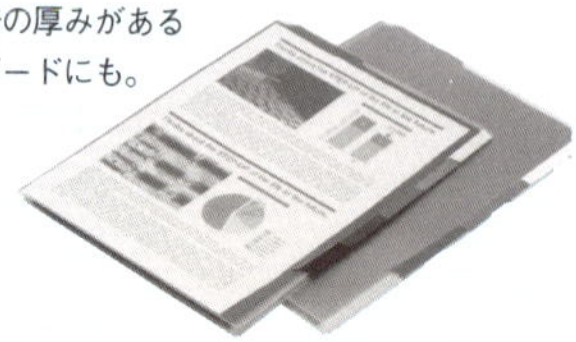

開きやすくて収納しやすい
蛇腹式のカードホルダー

カードホルダー CP-615X-RE
東急ハンズ渋谷店／ 1,680 円

収納部分がアコーディオンのような蛇腹式になっていて厚みに応じて伸縮自由な 15 ポケット。携帯時に安心なファスナー付き。

バラバラになりがちな文房具も
1つにまとめて持ち運べる

COLOR CASE, Multi color, Regular
トロイカ／ 1,995 円

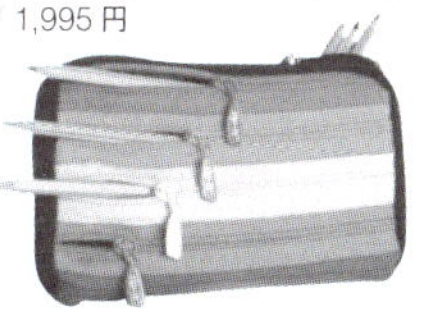

定規やハサミ等文房具を持ち歩くのに便利。外側のファスナー部分にはペンを1本ずつ収納できるので、使用頻度の高い数本を入れておくのに丁度良い。

ペン以外の文房具もたくさん入って
コンパクトなのに収納力バツグン

FIELD ロールペンケース
ハイタイド／ 788 円

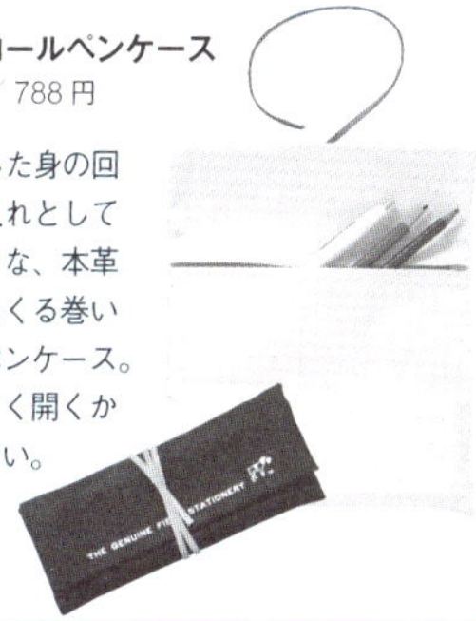

ちょっとした身の回りの小物入れとしても使えそうな、本革の紐でくるくる巻いて閉じるペンケース。間口が大きく開くから使いやすい。

濡れた折り畳み傘でも
すぐにバッグにしまえる優れモノ

SUSU 傘ケース
山崎産業／オープン価格

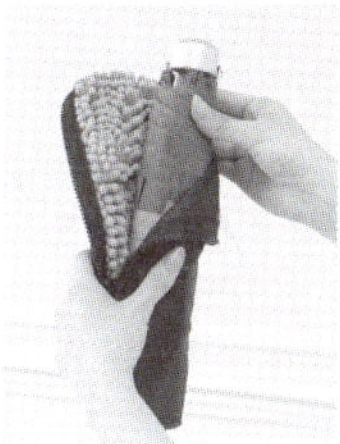

袋の内側に付いている超吸水モールが水分をすばやく吸ってくれるから、濡れた折り畳み傘をすぐに入れてもカバンにしまっても安心。袋を裏返せば濡れたカバンを拭くこともできるから一石二鳥。

乱雑なカバンの中身を整理整頓
好きなカバンに入れるだけ

カバンの中身 A4Ver.4.0
ビーナチュラル／ 3,150 円

いつも持ち歩くものを整理して、取り出しやすいさまざまな大きさのポケット付き。カバンを変更するときは「カバンの中身」を入れ替えればOK。

定期や ID カードをカバンに
付けてラクラク通勤

IDカードホルダー trystrams〈SMOOTH STYLE〉
コクヨS&T／ 1,600 円

自分らしく仕事で自己表現する人をコンセプトにデザインされたシリーズ。バッグやベルトループに付ければパスケースとしても活躍。

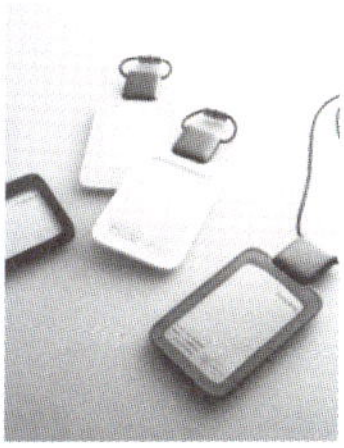

パスケースにICカードを2枚入れてもエラー知らず

スペリアα　S　TIPSWA
東急ハンズ渋谷店／1,659円

駅の改札でICカードの読み取りエラーが防げる！　2枚のICカードや電子マネー等、このケースに入れればエラーフリーで歩ける！

とっさの小銭は専用ケースで迅速に対応ができる!

コイン　アンド　アウト
わかくさ／893円

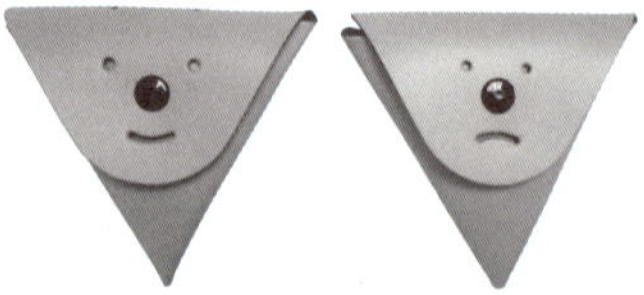

三角形の身にコインケース。笑顔と渋顔と2種類の表情があるので気分によって変えてみては？　ボールチェーンでバッグに付けることも可能。

手書きメモをデジタル化専用アプリで整理や共有も簡単に

ショットノート　iPhone/Android 一部機種のみ対応
キングジム／315円

資料を持ち運ぶ重さと面倒がこれで解決！　専用のノートにメモしたものをカメラで撮影すれば自動読み込み、OCR機能でらくらく検索。

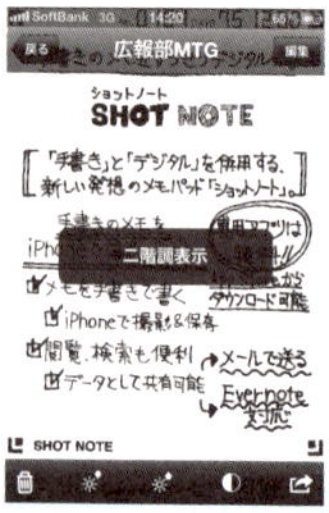

POINT
すべてをまとめて必要なメモを一発検索

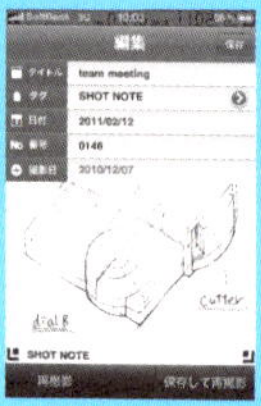

OCR機能でデータ化したメモをタグやタイトルなどキーワード検索できるので、必要なメモがすぐに探し出せる！

日付をスタンプできるから名刺管理がスムーズで簡単!

Dater
メディカルサポート／4,095円

受け取った名刺はもちろん、差し出す名刺にも日付を印字することができる凄腕な名刺入れ。日付は名刺に斜めに刻印されるので、目立って分かりやすい。いつもカバンに入れて持ち歩けば名刺管理がスムーズに。

スタイリッシュなデザインで大きな2ポケットが魅力

デュアルカードケース
イデアレーベル／1,050円

アルムニウムでできた丈夫なカードケース。2つに大きく口が開くので出し入れしやすい。自分の名刺ともらった名刺を分けて入れれば◎。

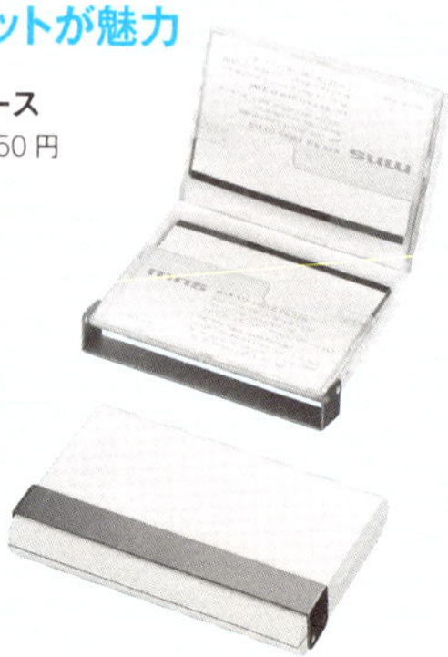

Goods 04 手帳の整理

これは使える! 機能性と発想に富んだおすすめグッズ

カスタマイズで究極の使いやすさに!

あると便利なものさしと目印がシールになってどこでも貼れる

ポータブル ものさし&コーナーマーカー
エーワン／ 420 円

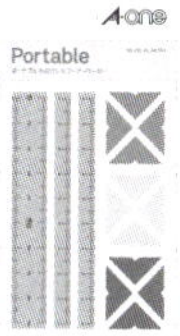

持ち歩ける文房具がコンセプトのポータブルシリーズ。手帳にあると便利なものさしとコーナーマーカーがシールに。薄いシート状になっているので持ち運びにも便利。

ぺたっと貼るだけでどこでもダブルポケット

2 ポケットシール
デザインフィル　ミドリカンパニー／ 441 円

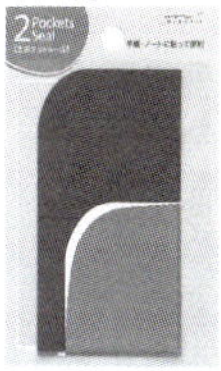

しっかり貼れる強粘着シールのポケット。既存の手帳にポケットをつけて名刺やメモがはさめる。縦型と横型タイプがあり手帳幅に合わせられ便利。

2本のペンが入れられて持ち運び便利なブックバンド

ペンケースブックバンド
ビジョンクエスト／ A6 サイズ用 682 円、B6 サイズ用 735 円

厚みのある手帳から薄いノートまでしっかり閉じられるゴムバンドを使用。大人カジュアルなフェイクレザーで落ちついた色が使いやすい。

POINT

（色分けして書くことが多い手帳だからこその 2 本持ち）

ペン先の飛び出しによるインク汚れも気にせずに手帳と一緒に持ち運べる！

お気に入りの手帳と一緒にいつものペンを持ち歩く

ベルトシール マグネット
デザインフィル　ミドリカンパニー／ 399 円

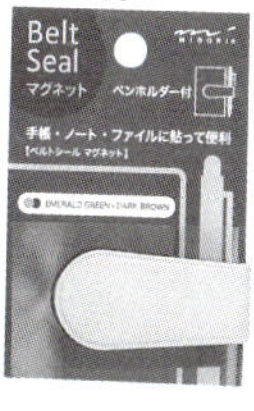

手帳やノート、ファイルに貼って使えるペンホルダー付きのベルト。開閉しやすいマグネット式のベルトで、手帳の留め口にもなって便利。

豆型ボディが手帳にぴったり一体化して持ち運べるペン

おんぶっく
トンボ鉛筆／ 367 円

背表紙の丸みにもぴったりフィットして手帳と一体化。表紙に挿してもまめ型ボディの2つの支点でぐらつかないから鞄の中でもはずれにくい。

■ 問い合わせ先リスト

アイファイジャパン株式会社
☎03-6419-9927
http://www.eyefi.co.jp/

アイリスオーヤマ
0120-211-299
http://www.irisplaza.co.jp

株式会社イデアインターナショナル
(ユエント)
☎03-5446-9530
http://www.idea-onlineshop.jp/

Interior&Products Buk／ブコ
☎0766-63-6318
http://www.buk.jp/

エーワン株式会社
☎03-5687-4140
http://www.a-one.co.jp/

株式会社エセルテ ジャパン
☎03-5759-0108
http://www.esselte.co.jp

株式会社カウネット
0120-028-446
(携帯/PHSから ☎0985-68-3903)
http://www.mykaunet.com/

カール事務器株式会社
☎03-3695-5379
http://www.carl.co.jp

カファ（モレスキン）
☎03-5464-8906
http://www.moleskine.co.jp

株式会社キングジム
0120-79-8107
http://www.kingjim.co.jp/

コクヨS&T株式会社
0120-201594
http://www.kokuyo-st.co.jp/

住友スリーエム株式会社
文具・オフィス事業部
0120-510-333
http://www.mmm.co.jp/office/

セキセイ株式会社
0120-281281
www.sedia.co.jp

株式会社デザインフィルミドリカンパニー
http://www.midori-japan.co.jp/

株式会社東急ハンズ 渋谷店
☎03-5489-5111
http://shibuya.tokyu-hands.co.jp/

トロイカ株式会社
☎03-5117-2077
http://www.troika.jp/

TOTONE（株式会社コクヨMVP）
http://www.totonoe-tottori.com/

株式会社トンボ鉛筆
0120-834198
http://www.tombow.com

DOT-TOKYO
（マークスインターナショナル）
☎03-6698-0395
http://www.dot-tokyo.jp/

ニチバン株式会社
0120-377218
http://www.nichiban.co.jp/

株式会社ハイタイド
☎050-3368-1722
http://www.hightide.co.jp/

ビー・ナチュラル株式会社
☎03-5643-2625
http://www.kabannonakami.com/

ビジョンクエスト
☎06-6536-5877
http://www.vq-goods.com

ビュートンジャパン株式会社
☎03-3635-8066
http://www.beautone.co.jp

プラス株式会社
0120-000-007
http://www.plus.co.jp/

株式会社ホースケアプロダクツ
☎03-3733-4343
http://www.horsecare.co.jp

無印良品（池袋西武店）
☎03-3989-1171
http://www.muji.net

株式会社メディカルサポート
☎048-560-2500
http://www.medical-sp.co.jp

山口工芸 Hacoa事業部
☎0778-65-3303
http://www.hacoa.com/

山崎産業株式会社
0120-530-743
http://www.susu-net.jp/

株式会社 わかくさ
☎03-3589-5381
http://www.wakakusa-e.com

掲載されている商品情報は2011年10月末のものです。値段はすべて税込です。

結果がすぐに出る“仕組み”をつくる！

仕事の整理術

編　者　永岡書店編集部
発行者　永岡修一
発行所　株式会社永岡書店
〒176-8518　東京都練馬区豊玉上1-7-14
TEL 03（3992）5155（代表）
03（3992）7191（編集）
印刷　末広印刷
製本　ヤマナカ製本

ISBN978-4-522-43077-4　C0034

乱丁本・落丁本はお取替えいたします。
本書の無断複写・複製・転載を禁じます。①

STAFF

編集協力　STUDIO DUNK
執筆　渡辺誠児　峰岸美帆
木村亜紀子
三河賢文（ナレッジリンクス）
イラスト　大久保秀祐
撮影　STUDIO DUNK
本文デザイン　STUDIO DUNK
DTP　編集室クルー
編集　石田克浩（永岡書店）